글로벌 리더십 콘서트

글로벌
리더십
콘서트

남상훈 지음

세계인

평화인

자유인

북캠퍼스

차례

Stage Three

리더십의 시작은 의사소통에서부터
글로벌 환경에서의 의사소통 ··· 125

Stage Four

문화와 문화를 잇는 메신저
글로벌 리더가 만들어지는 과정 ··· 161

Closing Stage

세계인 · 평화인 · 자유인
세상을 변화시키는 글로벌 리더십 ··· 197

"진정한 발견을 위한 여정은
새로운 경치를 찾아내는 것이 아니라,
경치를 새롭게 바라보는 눈을 갖는 것이다."

_마르셀 프루스트(Marcel Proust, 1871~1922, 프랑스의 문인)

여러분 안의
'글로벌 리더'를 깨우세요

. . .

우리 안에 숨겨진 글로벌 DNA

이번 스테이지에서 만나게 될 내용 ────────────

- 원숭이에 가까웠던 오스트랄로피테쿠스와 그의 후손이 인류로 진화한 까닭을 생각해 봅시다.
- 땅이 넓은 반면 인구가 적은 캐나다는 노동력 부족 문제를 어떻게 해결하고 있나요?
- '이문화 경영'이라는 학문에 대해서 알아봅시다.
- 외국에 나가야만 글로벌 세상을 접하는 것이 아니라, 우리나라에 살면서도 글로벌 세상에 속하게 되는 현상에 대해서 생각해 봅시다.

모투누이섬
이야기

이야기의 배경은 고대의 폴리네시아입니다. 폴리네시아는 태평양에 있는 하와이제도와 뉴질랜드, 모아이 석상으로 유명한 이스터섬을 연결하는 가상의 삼각형 안에 있는 수많은 섬들을 가리키는 명칭입니다. 대륙으로부터 멀리 떨어져 있는 망망대해의 섬들이죠.

그 섬들 가운데 모투누이섬이 있었습니다. 섬사람들은 풍요로운 자연환경 속에서 단조롭지만 행복한 삶을 이어 갔습니다. 바다에는 해산물이 풍부했고, 섬에서는 코코넛을 심어 수확했죠. 족장을 중심으로 함께 일하고 같이 나누는 공동체 문화와 질서가 아주 굳건히 자리 잡고 있었기에 주민들 간에 갈등도 거의 없었어요. 섬사람들은 자신들의 섬을 낙원이라고 여겼습니다.

하지만 모투누이섬은 닫힌 낙원이었습니다. 저 바다 너머에 모투누이섬과는 비교도 할 수 없는 커다란 세상이 있다는 사실을 알지만, 섬사람들은 바깥세상으로 나갈 엄두조차 내지 않았습니다. 먼 바다로 나갔다가 돌아오지 못한 사람이 많았거든요. 안전한 섬을 떠나 바다로 나간다는 것은 어리석은 짓이고, 금지된 행위였습니다.

모투누이 사람들이 처음부터 그랬던 것은 아닙니다. 그들의 조상은 용감한 모험가였습니다. 편안한 현실에 안주하기보다는 새로운 세상과 무한한 가능성을 찾아 나섰습니다. 끊임없이 일렁이는 파도가 그들을 불러냈고, 그들은 응답했습니다. 열린 마음으로 세상을 대했습니다. 사실 모투누이도 그러한 조상들이 없었다면 존재하지 못했을 겁니다. 그러나 세월이 흐르면서 사람들은 변해 갔고, 마음을 닫아 버렸습니다. 조상들의 무용담은 서서히 역사에서 전설로, 전설에서 신화로, 그리고 망각 속으로 사라져 갔습니다.

그런데 갑자기 모투누이에 어려움이 닥칩니다. 특별한 이유 없이 물고기가 잡히지 않는 거예요. 코코넛은 수확하기도 전에 썩어 버렸습니다. 장소를 옮겨서 그물을 쳐 보고 새로운 땅에 코코넛 나무들을 심어 보았지만 별다른 효과가 없었습니다. 부족장의 딸인 모아

나는 생각합니다. 땀을 더 많이 흘린다고 해서 해결될 일이 아니야. 근본적인 변화가 필요해. 모아나는 바다 너머 바깥세상으로 눈을 돌립니다. 하지만 아버지는 그런 딸을 만류합니다. 사랑하는 딸이 위험한 바다로 떠나는 것을 두고 볼 수 없으니까요. 아버지의 뜻을 따르는 착한 딸과 부족을 위해서 위험을 무릅쓰는 리더의 길, 이 두 가지 선택 사이에서 모아나의 고민이 깊어 갑니다.

2017년에 한국에서도 개봉했던 디즈니의 애니메이션 영화 〈모아나〉의 전반부입니다. 매력적인 캐릭터들이 역동적이고 코믹하게 감동적인 이야기를 만들어 가는 아주 재미있는 영화예요. 그런데 저는 이 영화를 보면서 수백만 년에 걸쳐 기나긴 여행을 했던 한 존재를 떠올렸습니다. 그게 누구냐고요? 바로 우리 자신입니다.

390만 년에 걸친
기나긴 여행

390만 년 전 아프리카 대륙 남쪽의 유인원 무리 중 몇몇이 두 다리로 엉거주춤 걷기 시작했습니다. 이들은 앞발을 손처럼 사용하게 되면서 다른 유인원보다 똑똑해졌습니다. 네, 여러분도 잘 알고 있는 오스트랄로피테쿠스입니다.

저는 가끔 이런 생각을 해요. 인류의 조상이 아프리카에 그대로 머물러 있었다면 지금 이 세상은 어떻게 되어 있을까? 그랬다면 지금처럼 인류의 문명이 발달할 수 있었을까? 아메리카와 오세아니아가 여전히 미지의 땅으로 남아 있지는 않을까? 실제로 고고학자들의 연구에 의하면 오스트랄로피테쿠스는 아프리카를 벗어나지 못했다고 합니다. 아프리카 이외의 다른 대륙에서 오스트랄로피테쿠스의 화석이 발견된 적이 없기 때문이죠.

그렇다고 해서 오스트랄로피테쿠스가 자신들이 태어난 땅에 가만히 있었던 것은 아닙니다. 일부 무리는 그곳에 그대로 남았고, 일부는 남쪽으로 향했습니다. 그리고 어떤 무리는 아프리카 대륙의 북쪽으로 향했습니다. 그 사이 이들은 손이 더욱 발달했고 똑똑해졌으며, 그러다가 도구를 사용하는 단계에 이르렀습니다. 이때의 초기 인류를 호모 하빌리스라고 부릅니다. 우리말로 옮기면 '손 쓴 사람'이라고 하는데, 그만큼 손기술이 이전에 비해 비약적으로 발달했던 거예요. 그리고 이때에 이르러 초기 인류는 아프리카를 벗어나 일부는 유럽 쪽으로 향하고, 일부는 아시아 쪽으로 방향을 잡았습니다. 그리고 바다가 꽁꽁 얼어붙었던 빙하기 때 바다를 건너 오세아니아와 아메리카까지 진출했습니다.

여기까지는 여러분도 다 아는 이야기죠? 제가 여러분과 함께 생각해보고 싶은 문제는 왜 초기 인류가 한곳에 머물러 있지 않고 미지의 땅으로 계속 이동했는가 하는 것입니다. 그들은 이 세상이 어떻게 생겼는지 몰랐고, 어떤 위험이 도사리고 있는지도 제대로 알지 못했습니다. 하지만 그들은 자리를 털고 일어나 길을 떠났고, 그렇게 세계의 곳곳으로 퍼져 나갔습니다.

우리는 그들이 왜 위험을 무릅쓴 채 머나먼 여행을 택했는지 정확히 알지 못합니다. 먹을거리가 부족해져서 더 살기 좋은 곳을 찾아 나섰을 수도 있고, 무리 간의 세력다툼에서 밀려나 어쩔 수 없이 살던 곳을 떠

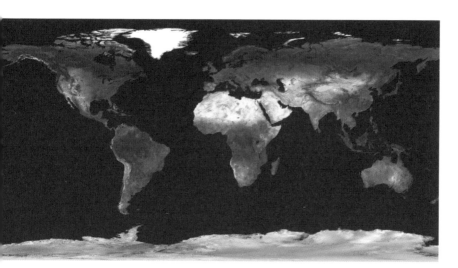

| 세계 지도를 보면 아프리카와 아시아, 유럽은 하나의 땅덩어리로 연결되어 있고, 아메리카와 오세아니아는 떨어져 있다. 초기 인류는 빙하기에 바다가 꽁꽁 얼어붙었을 때 바다를 건너 각각의 섬과 아메리카, 오세아니아로 건너갔다.

나야 했을 수도 있습니다. 또 어쩌면 모아나의 조상들처럼 새로운 세계를 찾아 모험을 감행했을지도 모르죠.

　그들은 산 너머에, 강 건너에, 바다 저편에 어떤 운명이 자신을 기다리고 있는지도 모르면서 계속 앞으로 나아갔습니다. 살기 좋은 땅을 발견하면 그곳에 정착했을 겁니다. 그곳에서 자손을 낳고 여러 세대가 어우러져 살면서 오랫동안 한자리를 지켰을 겁니다. 그러다가 자손들 중에 누군가가 자신의 고향을 떠났을 겁니다. 인구가 늘어나 새로운 땅을 개척해야 할 필요성이 있었을지도 모르고, 남달리 모험심이 강했을지도 모릅니다. 그렇게 인류는 조금씩 천천히 삶의 영역을 넓혀 나갔습니다.

모험과 도전이 만들어 낸
역사와 문명

장구한 시간이 흐르는 동안 초기 인류의 모습은 조금씩 변해 갔습니다. 처음 도구를 사용한 호모 하빌리스를 지나 보다 정교한 도구와 불을 사용한 호모 에렉투스를 거쳐 오늘날 인류의 직접 조상인 호모 사피엔스에 이르렀습니다. 원숭이에 가까웠던 초기 인류는 삶의 영역을 넓히고 다양한 경험을 쌓으면서 기술을 발전시키고 똑똑해지는 가운데 점점 그 모습이 변해 갔습니다. 먼저 두 다리로 걷게 되면서 엉거주춤했던 몸이 곧게 펴졌습니다. 땅을 짚던 앞발은 손으로 변했어요. 거주지를 마련하고 불을 사용하며 사냥한 짐승의 가죽으로 몸을 가리면서 온몸을 뒤덮고 있던 무성한 털도 사라졌습니다.

혹시 이런 생각을 해 본 적 없나요? 왜 원숭이는 원숭이인 채로 남앉고, 인류는 인류가 되었을까? 원숭이도 때때로 두 다리로 걷고 앞발을 손처럼 사용하기도 하잖아요? 그런데 왜 원숭이는 인간이 되지 못했을까요?

저는 그 이유를 '여행' 때문이라고 생각합니다. 만약 아프리카에서 태어난 오스트랄로피테쿠스의 후손들이 그냥 그 자리에 머물러 있었다면, 그래서 새로운 세계를 만나지 못했고 별다른 경험을 쌓지도 못했다면, 오스트랄로피테쿠스는 여전히 원숭이보다 조금 더똑똑한 '원인猿人●'으로만 남아 있지 않았을까요? 어쩌면 오스트랄로피테쿠스의 후손들이 위험을 무릅쓰고 새로운 땅을 찾아 모험을 했기에 오늘날의 인류가 존재하게 되었는지도 모릅니다.

새로운 세계를 찾아 나선 그들은 숱한 어려움에 직면했을 겁니다. 맹수들의 습격을 당하기도 하고, 혹독한 추위를 견뎌야 했을 거예요. 그리고 오랫동안 먹을거리를 찾지 못해 굶주림에 시달리기도 했을 겁니다. 그들은 큰 희생을 치르고 어려움들을 헤쳐 나가는 동안 꼭 필요한 도구와 기술을 하나둘 발명하고 발견했을 겁니다. 뿐만 아니라 무리를 지어야만 살아남을 수 있기에 남을 해친다면 결국에는 자기 자신도 위험에

info.

원인

오스트랄로피테쿠스부터 현생 인류인 네안데르탈인 이전까지의 화석 인류를 일컫는다. 원숭이를 뜻하는 '猿'을 쓴다. 이와 비교해 볼 단어인 원인(原人)은 '원시적인 인간'을 뜻하는데, 원인(猿人) 다음 단계의 인류를 뜻한다.

처할 수 있다는 행동 규범도 익히게 되었을 거예요. 새로운 기술과 규범은 후대에 전해졌고, 후대의 자손들은 그 기술과 규범을 보다 정교하게 다듬고 발전시켰을 겁니다. 그리고 이렇게 차곡차곡 쌓인 기술과 규범이 먼 훗날 문명을 탄생시키는 토대가 되었죠.

어떤가요? 여러분도 제 생각에 동의하나요? 사실 수백만 년 전에 일어난 일을 현대를 살아가는 우리가 정확히 안다는 것은 불가능한 일입니다. 하지만 몇 가지 분명한 사실이 있습니다. 주어진 환경과 현실에 안주해서는 결코 변화를 만들어 낼 수 없다는 점입니다. 산맥 너머와 바다 건너의 땅을 찾아 나선 탐험가가 있었기에, 상식과 고정관념에 의심을 품었던 선각자가 있었기에, 눈에 보이지 않는 자연의 이치를 알아내고자 했던 철학자와 과학자가 있었기에 인류는 발전을 거듭하며 오늘에 이르렀습니다. 그리고 이 역동적인 역사는 미지의 세계를 향해 첫걸음을 내디뎠던 오스트랄로피테쿠스의 후손으로부터 시작되었습니다.

다른 문화와 세계를
접한다는 것

아참, 제 소개를 깜빡했군요.

저는 멀리 캐나다 브리티시컬럼비아주의 빅토리아 대학교에서 경영학을 가르치는 남상훈이라고 합니다. 세계 유수의 대학교에는 외국인 학생을 가르치고 연구 활동을 하는 한국인 교수가 적지 않은데, 저도 그들 중의 한 사람입니다.

캐나다의 대학교에 재직하다 보니 이런 질문을 자주 받습니다.

"캐나다에서 태어나셨어요?"

아닙니다. 저도 이 책을 읽고 있는 여러분과 똑같이 한국에서 태어나 한국에서 중학교와 고등학교, 대학교를 다녔습니다. 대학교를 졸업한 뒤 보다 넓은 세상을 만나기 위해 미국으로 향했고, 여러 삶의 과정을 거쳐 캐나다의 빅토리아 대학교까지 오게 되었습니다.

제가 연구하고 강의하는 주요 분야 중 하나가 '이문화異文化 경영'입니다. 영어로는 'Cross-Cultural Management'라고 해요. 이문화 경영이 어떤 학문일까요? 서로 다른 문화를 경영한다? 뜻풀이로는 맞습니다. 하지만 명확하게 와닿지는 않죠? 조금 더 설명해 볼게요.

제가 살고 있는 캐나다는 국토의 면적이 우리나라의 10배나 되지만, 인구는 우리나라보다 적은 3,700만 명에 불과합니다2018년 추정. 인접해 있는 미국 인구수의 9분의 1 정도에 불과하죠. 추운 나라여서 땅의 활용도가 그리 높지는 않지만, 그래도 관리해야 할 국토가 넓고 나날이 산업이 발전하고 있기 때문에 항상 노동력 부족에 시달리고 있어요. 노동력 부족 문제를 해결하기 위해 출산 장려 정책을 시행하고 있지만, 그렇다고 인구가 갑자기 확 늘어나는 것은 아니잖아요? 그래서 캐나다 정부는 적극적으로 이민 정책을 펴고 외국인이 캐나다에서 취업할 수 있는 조건을 완화해서 노동력이 부족한 문제를 해결하고 있습니다. 그러다 보니 캐나다에는 다양한 인종과 민족이 살게 되었습니다.

뿐만 아니라 캐나다에서는 영어와 프랑스어를 공용어로 사용하고 있어요. 물론 모든 캐나다 사람이 영어와 프랑스어를 둘 다 잘하는 건 아니에요. 대체로 영어를 쓰는 빈도가 높지만 몬트리올이 있는 퀘벡주에서는 프랑스어를 주로 사용한답니다. 같은 나라 국민들이 다른 언어를 사용한다니, 이상하죠?

자, 이렇게 다양한 민족이 섞여 살면 어떤 일이 생길까요? 각각의 민족은 저마다의 고유한 문화를 갖고 있습니다. 한국에서 이민 간 사람과 캐나다에서 오랫동안 살아온 사람이 한 직장에서 일하거나 이웃해서 살게 되었을 때 아무런 문제가 없을까요? 당장 언어 소통에서부터 곤란을 겪을 겁니다. 하지만 그건 시간이 지나면 자연스럽게 해결되는 문제이기 때문에 말이 통하지 않는다고 해서 당장 서로 얼굴을 붉히는 경우는 드물 거예요. 하지만 옆집의 나이 어린 백인이 나이 많은 한국인에게 "헤이, 미스터 김."이라고 부른다거나 같이 파티를 하면서 아무렇지도 않게 심부름을 시킨다면 어떨까요? 한국인 할아버지는 기분이 상하고 말 거예요.

이문화 경영은 서로 다른 문화권에서 자란 사람들이 같은 공동체에 속해서 생활할 때 발생할 수 있는 갈등이나 이질감을 극복하도록 돕고, 나아가 다른 문화를 이해하고 받아들일 수 있는 능력을 키워 주는 학문입니다. 그렇다면 이문화 경영은 어떤 사람들이 공부할까요? 그렇죠. 외국인이나 여러 민족이 함께 일하고 생활하는 조직과 공동체에 속해 있는 사람들에게 필요합니다.

캐나다와 미국을 비롯하여 다양한 인종과 민족이 섞여 살고 있는 나라의 국민들은 당연히 다른 문화권을 이해하고 수용하려는 마음가짐과 태도를 지녀야 합니다. 그렇지 않으면 삶 자체가 불만과 불평으로 가득할 거예요. 그리고 외국으로 여행을 가거나 해외로 파견 근무를 간 사람

| 점심 휴식 시간을 즐기고 있는 캐나다 밴쿠버의 시민들. 다양한 인종이 보인다. ⓒ DeymosHR

들도 그 나라의 문화를 존중하는 마음을 가져야 합니다. 외국인과 협력해야 하는 국제기구나 NGO 단체에서 일하는 사람들도 마찬가지겠죠.

그럼 한국에서 태어나 한국에서 공부하고 한국에서 일하며 평생 외국에서 살 일이 없는 사람은 어떨까요? 다른 문화권에서 자란 사람을 이해하는 마음을 가질 필요가 없을까요?

1980년대 초반까지만 해도 우리나라에서는 해외여행을 떠나는 사람이 드물었습니다. 외국에 다녀왔다고 하면 주변 사람들이 우러러볼 정도였죠. 하지만 지금은 명절 연휴나 휴가 시즌이 되면 인천국제공항은 해외여행을 떠나는 사람들로 인산인해를 이룹니다. 해마다 1,000만 명에 가까운 사람이 외국에 나가니까요. 외국으로 출장을 떠나는 직장인도 흔합니다. 해외 파견 근무를 하면서 몇 년 동안 외국에서 머물거나아예 외국 기업에 들어가서 외국에 정착한 사람도 많아요. 그만큼 글로벌 환경이 일상에 가깝게 다가온 것입니다.

또 한 가지 생각해야 할 것은 외국에 나가야만 글로벌 세계를 접할 수있는 것이 아니라는 사실입니다. 우리나라를 찾는 외국인 노동자와 유학생, 여행객 등이 해마다 늘어나고 있습니다. 야구와 축구, 농구, 배구등 프로 스포츠 팀에서 활약하는 외국인 선수도 익숙합니다. 한국인과결혼하여 한국에서 사는 외국인이 늘어나면서 다문화多文化 가정 역시 빠른 속도로 퍼지고 있습니다. 2004년에 서울시청은 미국인 여성 레슬리벤필드를 공무원으로 채용하기도 했어요. 지역 공동체와 일터에서 외

| 서울의 덕수궁 돌담길에서 버스킹을 하고 있는 외국인 © BYUNGSUK KO

국인과 함께 생활할 가능성이 점점 커지고 있는 거예요. 앞으로는 굳이 해외에서 근무하지 않아도 외국인 직장 동료와 함께 일하는 것이 일상적인 일이 될지도 모릅니다.

이처럼 우리는 이미 글로벌 세상에서 살고 있습니다. 때문에 이문화와 다문화를 이해하고 수용하는 자세를 가져야 합니다. 뿐만 아니라 글로벌 환경에서 다른 사람을 이끌고 돕는 리더가 되어야 합니다. 이 책은 보다 넓은 세상을 무대로 삼고 나의 세계를 더욱 크게 만들기를 꿈꾸는 분들을 위한 것이랍니다. 그리고 여러분은 곧 알게 될 거예요. 글로벌 세상을 받아들인다는 것은 이 세상을 보다 아름답게 만드는 일이라는 사실을요.

자, 그럼 이제 본격적으로 시작해 볼까요?

글로벌 세계는
어떻게 만들어졌을까?

· · ·

선사 시대부터 오늘에 이르는 세계화 과정

이번 스테이지에서 만나게 될 내용

- 씨족 사회와 부족 사회를 거쳐 도시 국가가 형성되는 과정을 살펴봅시다.
- 인류 역사의 여명을 연 4대 문명은 서로 교류했나요?
- 페르시아 전쟁과 알렉산드로스의 동방 원정이 세계 역사에 어떤 영향을 미쳤는 지 생각해 봅시다.
- 유럽의 기독교 세력과 서아시아의 이슬람 세력이 대치하면서 교역로를 상실한 서 유럽의 포르투갈은 어떤 선택을 했나요?
- 유럽의 강대국들은 왜 경쟁적으로 식민지를 개척했을까요?
- 제2차 세계 대전과 한국 전쟁 이후 고착된 냉전 상황에 대해 알아봅시다.
- 냉전 시대가 끝나고 세계에는 어떤 변화가 찾아왔나요?
- 전 세계의 수많은 국가와 민족이 서로 다른 문화와 언어를 가지고 있는 상황에 대 해서 깊이 생각해 봅시다.

문명의 탄생과
교역의 시작

다시 아득한 옛날로 가 볼까요? 언제쯤이냐 하면, 오늘날 이라크의 티그리스강과 유프라테스강 유역에 인류 최초의 문명인 메소포타미아 문명이 형성되기 훨씬 전입니다.

인류의 진화는 완성 단계를 지났습니다. 지능과 신체가 오늘날의 현대인과 별반 다를 것이 없었죠. 그리고 인류는 지구상의 모든 대륙으로 퍼져 나갔습니다. 혹독한 빙하기가 지나가고, 지구의 기온은 온화해졌습니다. 세계 곳곳에, 지구 구석구석에 인류가 자리를 잡자 각 대륙을 연결했던 얼음 다리가 신기루처럼 사라졌습니다.

인간들은 씨족 사회*를 거쳐 부족 사회*를 형성했습니다. 각각의 부족은 강이나 산을 경계로 자신들의 영역을 삼았습니다. 세력을 넓히는 과정에서 이웃한 부족 간에 전쟁이 일어나기도 했어요. 한 부족이 다른 부족을 지배하면서 부족의 크기가 점점 커졌죠. 그렇다고 해서 서로 다른 부족끼리 항상 싸우기만 했던 것은 아닙니다. 잘 지낼 때도 많았어요. 사이좋게 교류하면서 상대방이 필요로 하는 것을 내어 주고 이쪽이 필요로 하는 것을 얻어 냈습니다. 이런 식으로 부족 간의 교역이 활발해지면서 시장이 형성되고 도시가 만들어졌습니다.

도시란 경제와 문화, 행정의 중심지를 말합니다. 시장이 있어서 이곳에서 수많은 물자를 교환하고, 다양한 부족과 민족이 어우러지면서 독특한 문화가 만들어졌죠. 그리고 여러 사람이 북적이는 만큼 질서를 유지하기 위한 정치적 지배자가 나타났습니다. 이 도시들은 나중에 도시 국가[*]로 발전합니다. 여러 개의 도시 국가가 밀집되어 있는 일정한 지역과 이 지역에서 나타나는 공통적인 문화적 특색을 일컬어 '문명'이라고 부른답니다. 인류 역사에서 이러한 일이 가장 먼저 일어난 곳이 메소

info.

씨족 사회
같은 조상을 가진 혈연관계의 사람들이 구성한 공동체의 기초 단위로 이루어진 사회

부족 사회
혈연관계가 분명하지 않은 사람들이 모여 형성한 공동체 단위로 이루어진 사회

도시 국가
하나의 도시가 하나의 나라처럼 운영되는 국가. 신전과 왕궁, 시장, 주거지, 공공시설 등이 형성되어 있고 이를 성벽이 감싸고 있다. 성벽뿐만 아니라 주변의 농경지도 도시 국가의 영역에 포함된다. 고대 그리스의 폴리스도 일종의 도시 국가다.

포타미아 지역이었던 거죠.

 이어서 오늘날 파키스탄의 인더스강 유역에서 인더스 문명이 일어났고, 이집트 나일강에서는 이집트 문명이, 그리고 중국의 황허강과 장강^{창장강, 양쯔강}을 중심으로 중국 문명이 태동했습니다. 이들 4대 문명을 형성한 도시 국가들은 서로 대립하고 교류하는 가운데 흥망성쇠를 거듭했습니다.

 흥미로운 사실은 인더스 문명 지역의 사람들이 사용하던 인장이 메소포타미아 지역에서도 발견되고 있다는 점입니다. 인더스 문명의 인장은 상인들이 상거래를 하면서 쓴 도장의 일종이라고 추정해요. 메소포타미아 지역

| 인더스 문명의 인장

에서 이 인장이 발견된다는 것은 두 문명이 서로 교류했음을 말해 줍니다. 메소포타미아 지역과 인더스강이 지리적으로 가깝기 때문에 이런 일이 가능했던 거예요.

 다음 페이지의 지도를 보면서 한번 상상해 볼까요? 오늘날 파키스탄의 인더스강 유역 사람들은 늘 서쪽 세상이 궁금했을 겁니다. 동쪽의 인도반도^{인도 아대륙}는 비교적 평평한 평원이어서 어렵지 않게 탐험할 수 있어요. 하지만 인더스강의 상류인 북쪽은 파미르고원과 히말라야산맥의 엄청난 고봉들이 병풍처럼 가로막고 있어서 그 너머의 세상에 대해서

히말라야산맥

파미르고원

이란고원

인더스 문명

메소포타미아 문명

인도반도

아라비아해

페르시아만

는 생각할 엄두조차 내지 못했을 거예요. 이란고원이 막아선 서쪽도 상황은 비슷했지만, 한 가지 방법이 있습니다. 바닷길로 가는 거지요. 실제로 인더스 문명 사람들은 항해술이 뛰어났답니다.

인더스강 하류에서 배를 띄운 사람들은 해안선을 따라 서쪽으로 나아갔습니다. 오늘날 아라비아해라고 부르는 바다를 지나 페르시아만으로 들어섰지요. 그리고 바다에서 강을 거슬러 오르다가 메소포타미아 문명과 맞닥뜨린 거예요.

이후의 이야기는 우리가 알고 있는 그대로입니다. 인더스 문명의 상인들이 메소포타미아 지역의 도시 국가들로 가서는 자기네 고향에서는 나지 않는 진귀한 물건들을 구해서 돌아갔어요. 이러한 과거 역사의 흔적이 메소포타미아 지역에서 발견되는 인더스 문명의 인장으로 남은 거지요.

동서양 문명의
충돌과 비단길

아시아와 아프리카에서 4대 문명이 태동하고 발전하던 시기에 유럽에서도 문명이 탄생하여 서서히 발전했습니다. 그리스 문명입니다. 그러니까 아프리카에서 출발한 인류가 비교적 일찍 자리를 잡은 세 대륙인 아프리카와 아시아, 유럽에서 비슷한 시기에 문명이 나타난 거예요.

하지만 지리적으로 가까운 메소포타미아 문명과 인더스 문명이 교류했던 것과는 달리 그 외의 문명들 간에는 뚜렷한 교류의 흔적이 보이지 않습니다. 그렇다고 해서 서로를 영 모르고 지내지는 않았을 거예요. 이집트에서 배를 타고 북서쪽으로 향하면 그리스가 나타나고, 메소포타미아 지역과 이집트 역시 그리 멀리 떨어져 있는 건 아니니까요. 중국 문명이 나타난 지역만큼은 외따로 떨어져 있기 때문에 제법 긴 시간 동안

그리스 문명 아나톨리아반도
지중해 메소포타미아 문명
이집트 문명 인더스 문명 중국 문명

고립되었을 가능성이 큽니다.

그러던 중 동양의 문명과 서양의 문명이 아주 뜨겁게 만나는 일이 일어났습니다. 뜨겁게 사랑했냐고요? 아닙니다. 불이 활활 타오르는 전쟁을 치렀죠. 기원전 492년 동양의 페르시아와 서양의 그리스가 맞붙은 거예요.

페르시아는 오늘날 이란 남부의 파르스라는 지역을 근거지로 건설된 나라입니다. 페르시아라는 이름 역시 '파르스'라는 지명에서 유래했죠. 페르시아는 주변 지역을 차례로 정복하며 제국*으로 성장했습니다. 그리고 급기야 오늘날의 터키가 있는 아나톨리아반도까지 진출했어요. 아나톨리아반도에서 바다를 건너면 곧장 그리스입니다.

페르시아는 그리스와 정치적 갈등을 겪었습니다. 그러다가 결국 그리스를 치기로 하고 대대적인 공격을 감행했어요. 이로써 페르시아 전쟁이 시작되었죠. 도시 국가의 연합체인 그리스와 대제국인 페르시아의 대결은 페르시아의 승리로 싱겁게 끝날 것 같았습니다. 하지만 반전이 일어났습니다. 그리스가 세 차례에 걸친 페르시아의 공격을 모두 물리친 것입니다.

페르시아 전쟁을 치른 뒤 그리스의 폴리스들은 아테네를 중심으로 하는 델로스 동맹과 스파르타를 중심으로 하는 펠로폰네소스 동맹으로 나뉘어 내전을 치렀습니다. 이 전쟁을 펠로폰네소스 전쟁이라고 합니다. 30년 가까이 이어진 전쟁에서 결국 아테네가 항복했지만, 스파르타도 승자가 될 수는 없었어요. 최후의 승자는 그리스 북부의 왕국 마케도니아였습니다.

내전을 치르는 동안 그리스는 약해질 대로 약해졌습니다. 이런 그리스를 마케도니아가 점령한 거예요. 그리스를 정복한 마케도니아의 왕 필립포스 2세에 이어 스무 살의 알렉산드로스가 왕위에 올랐습니다. 왕

info.

제국

하나의 국가가 영토를 확장하는 과정에서 다른 민족까지 통치하게 된 국가 형태를 말한다. 제국은 다양한 민족으로 구성되어 있고 그런 만큼 다양한 문화권이 형성되어 있다. 제국을 다스리는 우두머리를 황제라고 한다.

위에 오른 알렉산드로스는 곧장 페르시아의 영토로 진격했어요. 페르시아 제국의 막강한 군대가 막아섰지만, 알렉산드로스를 당해 낼 수는 없었어요. 알렉산드로스의 군대는 이집트와 페르시아를 넘어 인도 서북부까지 진출했어요. 어마어마한 영토를 가진 대제국이 탄생한 거죠. 알렉산드로스가 영토를 확장하기 위해 아시아로 진출했던 이 사건을 '알렉산드로스 대왕의 동방 원정'이라고 합니다. 하지만 인도 서북부에서 병사들의 반발에 막혀 말을 돌린 알렉산드로스는 회군하던 도중 열병에 걸려 목숨을 잃었습니다.

페르시아와 그리스의 대결, 알렉산드로스의 동방 원정은 세계 역사에서 큰 의미를 갖습니다. 어느 정도 거리를 두고 있던 동양과 서양의 문명이 이 두 번의 사건으로 인해 서로 융합되는 결과를 낳았거든요. 예를 들어 볼까요? 인도 간다라 지방의 불상들은 그리스 지역의 조각상을 닮았는데, 이는 알렉산드로스의 동방 원정으로 인해 그리스의 미술 양식이 동양에 전해진 결과랍니다.

전쟁이 그친 뒤 동양 사람들은 서양의 문화에 호기심을 갖게 되었고, 서양 사람들 역시 이질적인 동양 문화에 관심을 나타냈죠. 이렇게 동서양의 문화와 문물이 교류하면서 새로운 문화가 나타났고, 양쪽 지역의 독자적인 기술이 서로에게 전파되면서 문명의 발전을 더욱 부채질하게 되었습니다.

알렉산드로스 대왕이 죽고 200여 년이 지난 기원전 139년, 동서 교

| 그리스의 조각상(왼쪽)과 간다라 지방의 불상. 옷자락을 새긴 솜씨와 인체 비례 등이 매우 유사하다.

류의 새로운 길을 개척할 위대한 인물이 머나먼 여행길에 올랐습니다. 진에 이어 두 번째로 중국을 통일한 한의 장건이 황제인 무제의 명을 받들어 서역西域으로 향했어요. 서역이란 '중국의 서쪽 지역'이라는 뜻으로 오늘날 중국의 신장 웨이우얼 자치구로부터 서아시아에 이르는 땅을 가리킵니다. 한 무제는 오랫동안 중국을 위협해 온 흉노족*을 견제하기 위해 서역의 여러 나라와 동맹을 맺기로 하고 장건을 사절단으로 파견한 것입니다.

info.

흉노족

몽골 초원을 누비던 유목 민족이다. 이후 세력을 확장하여 몽골과 중국 북부, 서역에 이르는 거대한 국가를 세우기도 했다. 중국을 상대로 약탈을 일삼아 중국의 오랜 골칫거리였다. 오늘날 많은 학자들은 흉노족을 몽골족의 선조로 보고 있다.

이후 장건은 13년 동안 서역 각지를 돌아다니며 갖은 고생을 하고 각고의 노력을 기울였지만, 아무것도 얻어 내지 못한 채 빈손으로 돌아왔습니다. 그런데 장건이 서역의 각국을 헤매며 개척한 그 길이 훗날 동서 교류의 통로가 되었습니다. 우리가 '비단길_{실크로드}'이라고 부르는 바로 그 길입니다.

비단길을 통해 중국의 비단과 제지술 등이 서역과 로마 등으로 전래되었고, 서양의 헬레니즘 문화와 불교, 이슬람교가 같은 길을 따라 중국으로 들어왔습니다. 이로써 동서양의 문화와 문명이 본격적으로 소통하기 시작했습니다. 기술과 기술이 결합하고 문화와 문화가 융합하면서 이 세상은 더욱 빠른 속도로 발전을 거듭했습니다.

기독교와
이슬람교의 충돌

✝ ☪

그리스가 무너진 뒤 로마가 서양의 중심 국가로 떠올랐습니다. 로마는 지중해 건너 아프리카 북부를 세력권에 넣고 동쪽으로는 아나톨리아반도까지 진출했어요. 그러고 나서 로마는 서로마와 동로마로 분열했습니다. 서로마는 로마가 원래 발원했던 오늘날의 이탈리아 일대와 아프리카 북부의 로마를 일컫고, 동로마는 오늘날의 터키와 불가리아, 그리스, 이집트 지역의 로마를 일컫습니다. 동로마의 수도가 비잔티움^{오늘날의 터키 이스탄불}이었기 때문에 동로마를 특별히 '비잔티움 제국'이라고도 부른답니다.

이처럼 서양 국가인 로마가 서아시아 지역까지 진출하자 동양과 서양은 지리적으로 더욱 가까워졌습니다. 동로마 제국은 서양과 동양을 연

| 7세기 중반의 이슬람 세력권

결하는 관문 역할을 했지요. 상업과 무역이 발달하면서 지중해 동쪽 연
안, 그러니까 오늘날의 시리아와 레바논 해안에는 무역항이 발달하고
부유한 도시들이 형성되었습니다.

610년에 이르러 세계의 역사는 엄청난 변화를 맞이합니다. 아라비
아의 상인이었던 무함마드가 이슬람교를 창시한 거예요. 이슬람교는
아라비아반도를 중심으로 서아시아 전역과 아프리카 북부로 퍼졌습니
다. 오래지 않아 이슬람교를 국교로 하는 거대한 이슬람 제국이 건설
되었어요.

로마를 비롯한 서양의 국가들은 기독교^{로마 가톨릭}를 국교로 삼았습니다.
이슬람교를 믿는 서아시아 지역의 이슬람 제국과 서양의 대결이 불가
피했죠. 특히 서아시아를 이슬람 제국이 장악하자 교역이 끊기면서 서

양 상인들은 큰 타격을 입었습니다. 그리고 후추의 매력에 푹 빠져 있던 수많은 서양 사람들 역시 곤경에 처했습니다.

서양 사람들은 예로부터 육류를 즐겼습니다. 하지만 냉장 시설이 마땅치 않았기 때문에 고기가 쉬 상해 버렸어요. 그런데 고기를 후추에 절이면 오랫동안 보관할 수 있을 뿐만 아니라 고기의 비릿한 냄새까지 제거할 수 있어요. 하지만 기후와 토양 조건이 맞지 않아서 유럽에서는 후추를 재배할 수 없었어요. 멀리 인도까지 가서 후추를 비롯한 향신료를 수입해야 했죠. 고대 그리스 시절부터 귀족들은 후추를 즐겼습니다. 그러던 것이 동양과 서양의 문물이 섞이면서 후추가 더욱 널리 퍼졌고, 서양 사람들의 식습관을 완전히 바꾸어 버렸답니다. 소비량이 많아지자 후추는 더욱 귀해졌고 값도 천정부지로 치솟았어요. 하지만 동양과 교역을 하던 때에는 비싼 값을 치르더라도 후추를 이용할 수 있었어요. 그런데 이슬람 제국과 유럽의 기독교 국가가 대치하면서 후추를 구할 길이 막혀 버린 거예요.

게다가 서양 세계 최후의 보루인 동로마 제국이 이슬람 세력에 위협을 받고 있었습니다. 뿐만 아니라 기독교의 성지인 예루살렘으로 향했던 순례자들이 이슬람 군사들에게 박해를 당하는 일까지 일어났어요. 이런 여러 가지 상황이 겹치면서 1096년에 십자군 전쟁이 시작되었습니다. "성지를 탈환하자!"는 기치 아래 수많은 유럽 사람이 동쪽으로 향했습니다.

이들은 이 원정을 성전聖戰, 즉 '성스러운 전쟁'이라고 불렀지만, 결코 성스럽지만은 않았어요. 원정길에 오른 사람들은 양민을 약탈하고 살해하는 등 온갖 끔찍한 범죄를 저지르기도 했거든요. 십자군에 군인만 있었던 것도 아니에요. 난리 통에 한몫 잡아 보려는 모리배들까지 섞여 있었어요. 종교에 고양된 일반 시민과 아이들까지 가세했죠. 게다가 동로마 제국의 수도인 비잔티움에 엄청난 황

| 십자군 전쟁 때 활약한 이슬람 세계의 영웅, 살라딘

금이 있다는 소문이 퍼지면서 이슬람 세력을 응징하겠다고 나선 십자군이 오히려 자기네 편인 비잔티움을 공격하는 일까지 일어났습니다.

십자군 전쟁은 이후 1291년까지 200여 년 동안이나 이어졌습니다. 결과는 어땠을까요? 서양 기독교 세력의 패배로 끝났습니다. 동로마 제국 역시 이슬람 세력의 맏형 격인 오스만 제국에 정복당함으로써 역사 속으로 사라졌습니다. 오스만 제국은 아나톨리아반도뿐만 아니라 유럽까지 진출하여 그리스와 그리스 북쪽의 땅까지 차지했습니다. 아프리카 북부도 오스만 제국의 영토가 되었습니다. 이렇게 오스만 제국이 지중해를 장악하자 유럽의 해상 무역 통로가 완전히 막혀 버렸어요. 이전까지 유럽은 지중해를 지나 아나톨리아반도나 아라비아반도 북부를 거쳐 서아시아로 진출했는데, 이제는 지중해에 배를 띄울 수조차 없게 되

어 버린 거예요.

그러면 유럽 사람들은 이제 어떻게 후추를 구할까요? 그나마 이탈리아 지역의 상인들은 오스만 제국과 좋은 관계를 유지하면서 무역을 통해 후추를 구할 수 있었어요. 이 후추들은 엄청나게 비싼 값에 팔려 나갔고, 이탈리아 상인들은 무역을 통해 거대한 부를 쌓았습니다. 하지만 이전만큼 후추의 거래량이 많지 않다 보니 유럽의 모든 사람이 후추를 즐길 수 있는 것은 아니었어요. 그중에서도 유럽의 서쪽 끄트머리에 있는 포르투갈이 가장 불리했죠. 인접한 스페인과의 관계가 불편해지자 육로가 완전히 막혀 버린 거예요.

궁하면 길을 찾을 수밖에 없습니다. 포르투갈의 엔리케 왕자는 십자군 전쟁에서 기독교 세력의 패색이 짙어지자 새로운 교역로를 찾기로 결심했습니다. 그리고 모험심 강한 사람들을 지원하여 바닷길을 찾도록 했어요. 지중해를 통과할 수 없으니 아프리카를 빙 돌아서 인도로 향하는 새로운 항로를 열기로 한 거지요. 이렇게 해서 대항해 시대가 시작되었습니다.

대항해 시대

포르투갈 엔리케 왕자의 지원을 받은 탐험가들은 아프리카 대륙의 서쪽 해안을 따라 남쪽으로 향했습니다. 먼 바다로 항해할 때는 여러 척의 배가 함께 움직입니다. 중간에 배가 고장 나면 꼼짝없이 바다에서 표류할 수밖에 없기 때문에 만약의 사태에 대비해 두서너 척의 배가 선단을 꾸며서 항해하는 거예요. 그리고 선단은 항해를 하다가 중간에 항구나 육지로 가서 배를 손보고 부족한 식량과 물 등을 채워야 합니다.

포르투갈을 떠난 선단 역시 중간에 아프리카의 해안에 접근해서 음식과 물을 보충해야 했습니다. 선장과 선원들은 아프리카에 어떤 사람들이 살고 있는지, 어떤 나라가 있는지 알지 못했어요. 그래서 아주 조심스러울 수밖에 없었죠. 그러다가 사람이 살 만한 땅을 발견하면 그 땅이

포르투갈의 엔리케 왕자가 구상한 인도와의 무역 항로

포르투갈의 영토임을 선언하는 표석을 세우고 다시 떠났어요. 때로는
일부 선원과 군인을 남겨서 식민지를 개척하도록 했어요. 그들은 그 땅
에 살고 있는 원주민들의 허락도 받지 않고 무작정 자기네 땅으로 삼았
지요. 이 과정에서 식민지를 개척하던 선원과 군인이 원주민에 의해 몰
살당하기도 했어요. 그러면 나중에 더 많은 숫자의 군인들이 쳐들어와
서 다시 땅을 차지하는 방식으로 식민지를 넓혀 나갔습니다.

포르투갈은 인도로 향하는 새로운 바닷길을 개척하는 과정에서 아프
리카에 수많은 식민지를 만들었습니다. 포르투갈 군대는 아프리카 원주
민을 붙잡아 유럽에서 노예로 팔았어요. 이렇게 노예 무역이 성행하자
유럽의 다른 나라들도 식민지 개척에 나섰습니다. 아프리카 중부와 남

| 포르투갈 리스본에 있는 항해자들을 위한 기념 조형물

부 지역은 문명이 발달하지 못해서 대체로 이곳의 원주민들은 신식 무기를 앞세운 유럽인들에게 무릎을 꿇을 수밖에 없었지요.

한편 이탈리아의 탐험가인 크리스토퍼 콜럼버스는 새로운 발상을 했습니다. 아프리카 대륙을 돌아가지 않고 대서양을 가로지르면 곧장 인도로 갈 수 있다고 생각한 거예요. 지구가 둥글다는 사실만 알고 아메리카 대륙의 존재는 몰랐기에 동쪽으로 계속 배를 몰아서 지구를 반 바퀴 정도 돌면 인도가 나타날 거라고 믿었던 거죠.

스페인 왕실이 콜럼버스를 지원했습니다. 콜럼버스는 자신의 생각대로 대서양을 가로질러 배를 몰고 나아갔어요. 그리고 드디어 육지를 발견했습니다. 콜럼버스는 그곳이 인도라고 생각했고 죽을 때까지 그렇게 믿었습니다. 하지만 사실 그 땅은 아메리카 대륙이었어요. 유럽 사람들에게 비로소 아메리카 대륙의 존재가 알려진 거예요.

콜럼버스가 아메리카 대륙을 발견한 이후 유럽 여러 나라가 아메리카로 진출했습니다. 대항해 시대를 연 포르투갈과 스페인에 이어 네덜란드, 영국, 프랑스 등이 식민지 개척에 가세했습니다. 이로써 1600년대 중반에 이르러 남아메리카와 북아메리카, 아프리카의 대부분이 열강*들의 식민지가 되었습니다.

여기서 잠시 정리해 봅시다. 유럽의 강대국들이 식민지를 개척한 이유가 뭐였죠? 나라의 땅덩어리를 넓히기 위해서였나요? 그것도 한 가지 이유이기는 하지만, 보다 근본적인 이유가 있었습니다. 바로 '자원'과 '시장' 때문이었어요.

사실 고대 사회부터 대부분의 전쟁은 자원과 시장 때문에 일어났습니다. 생각해 볼까요? 여러분이 깊숙한 산간 내륙에 위치한 나라의 왕이라고 가정해 보세요. 산간 내륙이란 바다에서 멀리 떨어져 있고 산과 골짜기가 많은 땅을 말합니다. 여러분의 나라에서는 갖가지 과일이 풍성하게 자라지만 바다에서 멀기 때문에 어패류와 해조류를 구할 수는 없어요. 기껏해야 계곡이나 강에서 잡히는 민물고기뿐이죠. 그런데 바

info.
열강
국제 관계와 외교, 군사적인 문제에서 강력한 권한을 가진 여러 강대국

| 고대부터 자원과 노동력을 확보하고 시장을 확대하는 것이 전쟁의 주된 이유였다.

다와 면한 이웃 나라에 갔던 신하가 귀국하는 길에 바다 생선을 가져와 공물로 바쳤습니다. 생선 요리의 맛이 기가 막혔어요. 그래서 이웃 나라와 무역을 시작했습니다. 산에서 나는 신선한 열매, 약초를 물고기와 교환하기로 한 것입니다.

그런데 이웃 나라에서 갑자기 어패류와 해조류의 값을 올렸어요. 전에는 약초 한 뿌리와 물고기 한 마리를 바꿀 수 있었는데, 이제는 약초 세 뿌리를 주어야 겨우 물고기 한 마리를 구할 수 있게 되었습니다. 화가 치민 여러분은 병사들을 모아 이웃 나라로 쳐들어갔습니다. 잘 훈련된 병사들은 이웃 나라를 금세 정복했습니다. 이제 여러분의 나라는 바다를 얻었습니다. 또 전쟁 포로들을 노예로 부릴 수 있게 되었어요. 해양 자원을 획득했을 뿐만 아니라 공짜 노동력까지 확보하게 된 거죠.

겨우 물고기 때문에 전쟁을 일으킨다니, 우습죠? 상황을 단순화시키다 보니 우습게 들리지만, 사실 인류의 역사 속 수많은 전쟁이 '물고기' 때문에 일어났습니다. 어떤 나라에게는 이 '물고기'가 후추였고, 어떤 나라에는 금이었으며, 어떤 나라에게는 노예였던 거죠.

17세기부터 강대국들은 자원을 수탈하고 시장을 확대하기 위한 식민지 정책을 노골적으로 펼치기 시작합니다. 유럽의 강대국들은 미개한 문명을 개화시킨다는 구실을 내세워 약소국을 침략하여 정복하고 식민지로 삼았습니다. 그리고 식민지에서 캐낸 다이아몬드와 구리, 금, 은이나 무차별적으로 포획한 동물들의 가죽과 모피 등을 자기네 나라로 가져갔습니다. 또 한편으로 강대국들은 자기 나라에서 생산한 물건을 식민지에 강제로 내다 팔았습니다. 심지어 해로운 물건을 떠넘기기도 했어요. 영국의 아편 무역이 대표적입니다. 영국은 사람을 피폐하게 만드는 아편을 중국에 팔았습니다. 중국이 이를 거부하자 무력으로 중국을 굴복시켰어요. 이때 벌어진 중국과 영국의 충돌이 아편 전쟁입니다.

우리나라도 1910년부터 1945년까지 만 35년 동안 일제의 식민지였던 아픈 역사의 상처가 있습니다. 이때 수많은 우리 국민이 일본으로 끌려가 강제 노역을 해야 했고, 지하자원과 농수산 자원, 산림 자원을 수탈당했습니다. 위안부 문제도 빼놓을 수 없죠. 이처럼 불과 70년 전까지만 해도 세계의 질서는 강대국들이 지닌 힘의 논리에 의해 지배되었습니다.

이데올로기의
대립

　앞서 살펴본 것처럼 17세기에 이르러 세계의 질서는 유럽의 강대국 중심으로 편성되었어요. 열강들은 경쟁적으로 식민지를 확대해 나갔지요. 이 시기에 발달한 학문이 지리학입니다. 식민지를 제대로 다스리고 수탈하기 위해서는 그 지역의 지형과 기후를 파악해야 했거든요. 측량 기술이 발달한 동시에 문명 세계에 아직 알려지지 않은 미지의 땅을 찾기 위한 노력도 계속되었습니다. 그러면서 지구의 지도가 조금씩 완전한 모습을 갖추어 갔습니다.

　강대국들은 아메리카와 아프리카, 아시아에서 더 많이 차지하기 위한 경쟁을 벌였습니다. 그러다가 전쟁이 일어나면 식민지의 주민들이 동원되었어요.

아프리카 지도를 볼까요? 나라와 나라 사이의 국경이 일직선으로 그어진 것이 많아요. 대개 나라의 국경은 강이나 산, 산맥을 경계로 하기 때문에 구불구불한 것이 일반적입니다. 그런데 아프리카는 강대국들이 자기들끼리 땅을 나누어 가지면서 인위적으로 경계를 지었고, 이 경계선이 나중에 그대로 국경이 된 거예요. 그리고 이로 인해 오늘날까지도 아프리카의 많은 나라에서 내전이 발생하게 되었습니다. 국가는 같은 민족이나 사이가 좋은 부족이 모여서 건설해야 하는데, 이렇게 인위적으로 경계선을 그으면서 서로 적대적인 민족이 한 나라의 국민이 되기도 했거든요. 이들이 서로 반목하면서 내전이 빈번해졌고 그만큼 아프리카에 못사는 나라가 많아진 거죠.

20세기 들어서 세계는 커다란 전쟁을 치렀습니다. 이전의 그 어떤 전쟁과도 비교할 수 없을 만큼 많은 사람이 희생되었어요. 바로 제1차 세계 대전입니다. 제1차 세계 대전은 유럽 강대국들이 서로 아프리카를 차지하려는 제국주의 팽창 정책에 그 불씨가 있었어요.

| 아프리카 국가들의 국경선은 아프리카를 식민지로 삼은 강대국들끼리 땅을 나누어 가지면서 인위적으로 그었기 때문에 일직선인 것이 많다.

아프리카에 가장 먼저 식민지를 건설했던 포르투갈과 아메리카를 발견한 스페인, 두 나라의 뒤를 이어 식민지 개척에 나섰던 네덜란드는 국

력이 약해지면서 식민지 경쟁에서 후발 주자인 영국과 프랑스에 차츰 밀렸습니다. 영국과 프랑스는 아프리카를 양분했어요. 포르투갈과 스페인은 대신 남아메리카로 시선을 돌렸습니다. 오늘날의 브라질에 해당하는 지역을 포르투갈이 차지하고, 나머지는 스페인이 차지했어요. 오늘날 남아메리카에서 브라질만 포르투갈어를 쓰고 나머지 나라는 스페인어를 쓰는 것이 이 때문이랍니다.

영국과 프랑스는 아프리카에서 더 많은 땅을 차지하기 위해 경쟁했어요. 당연히 관계가 악화될 수밖에 없었죠. 그런데 독일이 아프리카의 식민지 경쟁에 뛰어들었습니다. 영국과 프랑스는 신흥 강국으로 급성장하고 있던 독일을 견제하기 위해 손을 잡았어요. 이에 맞서 독일은 오스트리아, 러시아와 동맹을 맺었습니다. 하지만 곧 독일과 러시아의 동맹이 깨지고 독일은 이탈리아를 끌어들여 '삼국 동맹'을 맺었어요. 영국과 프랑스는 독일과 사이가 나빠진 러시아와 손잡고 '삼국 협상'을 맺었지요. 이렇게 강대국끼리 편을 먹고 적대 관계에 놓이면서 유럽은 전쟁의 위험성이 커져만 갔습니다.

그러던 중 발칸반도에서 일이 터졌습니다. 게르만족 계열과 슬라브족 계열이 갈등을 겪던 중에 보스니아의 수도 사라예보를 방문했던 오스트리아 황태자 부부가 세르비아계 슬라브족 청년이 쏜 총탄에 사망한 겁니다. 이 일을 계기로 오스트리아는 세르비아를 침공했고 독일이 오스트리아를 지원했습니다. 세르비아는 슬라브족이 세운 나라입니다.

| 오스트리아 황태자 부부가 저격당한 직후 범인인 가브릴로 프린치프를 체포하는 장면을 담은 사진

슬라브족 국가들의 맏형 격인 러시아가 가만히 있을 수 없었죠. 러시아
가 세르비아를 지원하자 독일은 러시아에 선전 포고를 했어요. 러시아
와 삼국 협상을 맺은 프랑스와 영국도 전쟁에 뛰어들 수밖에 없었어요.
이렇게 해서 유럽을 무대로 세계 대전이 일어났습니다. 나중에는 사태
를 관망하고 있던 미국마저 참전하게 되었어요. 따지고 보면 유럽 강대
국들의 제국주의 식민지 정책이 세계 대전의 불씨가 되었던 거예요.

제1차 세계 대전은 삼국 협상 편에서 싸웠던 연합국* 의 승리로 끝났
습니다. 삼국 동맹이었던 독일과 오스트리아에 붙었던^{이탈리아는 제1차 세계 대전}

오스만 제국과 불가리아 등은 패전국이 되었죠. 이때 독일의 식민지 국가와 오스만 제국의 지배를 받던 많은 나라가 독립국의 지위를 얻었습니다.

패전국들은 전쟁을 일으킨 책임을 지고 엄청난 배상금을 물어야 했고, 경제적 제재를 당해야 했지요. 특히 독일과 국경을 맞대고 있는 프랑스는 가혹하다 싶을 만큼 독일을 몰아붙였어요. 독일 국민은 혹독한 가난 속에서 엄청난 고통을 겪어야 했습니다. 그리고 이 일은 훗날 히틀러라는 괴물이 탄생하는 원인이 되었습니다.

세계의 평화는 오래가지 않았습니다. 1928년부터 세계의 경제가 휘청거리기 시작하더니 1929년 미국 뉴욕의 증시가 폭락하면서 대공황이 발생했거든요. 세계 경제에 큰 영향을 미치는 미국의 경제가 추락하자 유럽과 아시아도 흔들렸습니다. 그나마 식민지를 경영하고 있던 영국과 프랑스는 상황이 나은 편이었습니다. 하지만 제1차 세계 대전에서 패함으로써 식민지를 상실하고 국제 사회로부터 경제적 제재를 당했던 독일의 고통은 더욱 커졌습니다. 각고의 노력 끝에 비로소 경제가 살아나나 싶었는데 대공황으로 다시 한 번 큰 타격을 입은 거예요.

info.

연합국

제1차 세계 대전 때는 삼국 협상 편에 서서 싸운 나라들을 일컫고, 제2차 세계 대전 때는 전쟁을 일으킨 독일과 이탈리아, 일본에 맞서 싸운 여러 나라를 말한다. 연합국의 상대편은 동맹국 또는 추축국이라고 부른다.

독일 국민의 분노가 하늘을 찔렀습니다. 이러한 독일 국민의 마음을 사로잡은 인물이 있었습니다. 바로 히틀러였어요. 그는 강력한 독일을 재건하자며 독일 국민을 부추겼고 독일은 군국주의®의 길을 걷기 시작했습니다. 그리고 1939년 선전 포고도 없이 독일이 이웃 국가인 폴란드를 침공함으로써 세계는 제2차 세계 대전의 수렁 속으로 빠져들었습니다. 독일과 마찬가지로 군국주의와 팽창 정책을 펴던 일본이 독일과 동맹을 맺었고, 무솔리니의 파시즘®에 물든 이탈리아도 동맹국에 가세했습니다. 영국과 프랑스, 소련 등의 국가가 이에 맞섰죠. 미국은 이번에도 참전을 미루고 있다가 일본이 미국령인 하와이의 진주만을 공습하자 참전했습니다. 제2차 세계 대전은 전 세계적으로 엄청난 사상자를 낸 채 연합국의 승리로 끝났습니다.

이제 평화가 찾아올까요? 아닙니다. 세계는 공산주의와 사회주의를 추구하는 소련을 중심으로 한 공산 진영, 자본주의와 민주주의를 추구하는 미국을 중심으로 한 자유 진영으로 나뉘었어요. 두 진영은 우리나

info.

군국주의
군사력에 의한 팽창을 국가의 최우선 목표로 세우고, 군사력 강화와 전쟁 준비에 필요한 정책과 제도를 최상위에 두는 이념

파시즘
개인의 존재 이유는 민족 전체와 국가의 존립과 발전을 위해서만 의미를 갖는다는 사상인 전체주의를 근본이념으로 하는 사상과 정치 체제를 일컫는다. 지배자의 권력에 절대 복종을 강요하고, 폭력적인 통치에도 정당성을 부여한다.

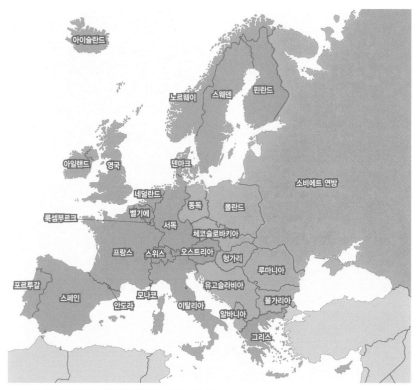

아이슬란드

노르웨이 스웨덴 핀란드

아일랜드 영국 덴마크

소비에트 연방

네덜란드

벨기에 동독 폴란드

룩셈부르크 서독

체코슬로바키아

프랑스 스위스 오스트리아 헝가리

루마니아

포르투갈 유고슬라비아

스페인 모나코 불가리아

안도라 이탈리아 알바니아

그리스

| 냉전 시대의 유럽. 파란색이 자유 진영이고, 붉은색이 공산 진영이다.

라에서 크게 싸웠습니다. 바로 한국 전쟁이에요. 한국 전쟁은 어느 누구도 승리하지 못한 채 한반도에 휴전선을 긋는 것으로 일단락되었습니다. 그리고 이때부터 세계는 본격적인 냉전* 시대로 돌입했습니다.

　제2차 세계 대전의 끄트머리에 미국은 끝까지 버티고 있는 일본을 굴복시키기 위해 일본의 두 도시, 나가사키와 히로시마에 원자 폭탄을 떨어뜨렸어요. 수십만 명의 일본인이 한꺼번에 목숨을 잃었죠. 그런데 자유 진영과 공산 진영 모두 원자 폭탄보다 살상력이 더욱 큰 수소 폭탄을 보유하고 있었어요. 핵무기를 가지고 있는 두 진영은 쉽사리 상대방을 자극하지 못했어요. 제3차 세계 대전이 일어난다면 인류의 종말을 불러올 수 있으니까요. 그렇다고 전쟁이 사라진 것은 아니었습니다. 자유 진영과 공산 진영이 팽팽하게 대치하는 가운데 내전과 국가 간의 소규모 국지전이 끊이지 않았습니다. 그리고 이러한 충돌은 미국과 소련의 대리전쟁 성격을 띠기도 했습니다.

냉전 종식과
세계화의 시작

    제2차 세계 대전 때 일본이 미국에 항복하면서 우리나라는 비로소 독립국이 되었습니다. 우리와 마찬가지로 제2차 세계 대전 이후부터 1960년대까지 강대국의 식민지였던 아프리카와 남아메리카, 아시아의 많은 나라들이 독립을 쟁취하고 주권을 회복했습니다. 이제 국제 사회는 '힘'이 아니라 '관계'에 의해서 새롭게 편성되었습니다. 과거 강대국의 식민지였던 나라들이 우방이 된 것입니다.

    냉전 시대에는 국경이 다소 폐쇄적이었습니다. 적대적인 관계에 있는 나라가 서로 이웃하고 있는 경우가 많았거든요. 우리나라만 해도 휴전선 위쪽으로 북한과 대치하고 있었고, 국경선_{남한과 북한을 경계 지은 3·8선은 전쟁을 잠시 중단하면서 만든 '휴전선'입니다. 우리나라의 국경선은 북한과 중국의 경계입니다} 너머 중국은 사회주의 국가였잖아요. 때문에 항공기의 비행 노선이나 선박의 항로가 자유롭지 못했습니다. 민주주의 국가의 비행기와 배가 사회주의 국가의 하늘이나 바다로 다닐 수는 없으니까요. 이런 상황에서는 무역 활동과 국가 간의 교류가 제한적일 수밖에 없었죠.

그러던 중 1986년 이후 사회주의의 종주국이었던 소련이 페레스트로이카®를 선언하며 시장 경제를 도입하면서 굳게 닫혔던 문이 열리기 시

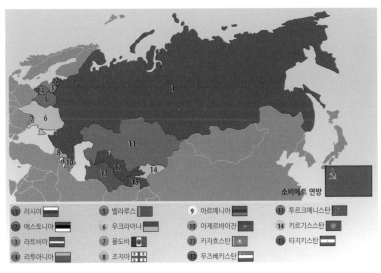

| 소비에트 연방에서 분리된 나라들

info.

페레스트로이카

'고쳐 세운다'는 뜻의 러시아어로, 1985년 소련의 당서기장에 선출된 고르바초프가 이듬해부터 추진한 개혁 정책을 일컫는다. 고르바초프는 대내적으로는 전반적인 민주화를 실행했고, 외교적으로는 냉전으로 인한 긴장을 완화하는 데 역점을 두었다.

작했습니다. 그리고 오래지 않아 소비에트 연방은 러시아를 비롯한 15개 나라로 쪼개졌습니다. 이를 신호탄으로 사회주의와 공산주의를 표방해 온 많은 나라들이 하나둘 시장 경제를 도입했습니다. 이로써 냉전 시대는 막을 내렸습니다.

냉전이 끝난 뒤 이전과는 비교도 할 수 없을 정도로 국가 간의 교류가 활발해지기 시작했습니다. 그동안 안보와 국방에 집중되었던 국가의 역량이 경제로 이동했습니다. 군사력 못지않게 경제력이 강대국을 가늠하는 잣대가 된 거죠. 이런 상황에서 강대국들은 국가의 부를 늘리기 위해 자원을 확보하고 시장을 확대해야 할 필요성을 느꼈습니다. 하지만 근대 이전처럼 무력으로 다른 나라를 정복하여 식민지를 만들 수는 없어요. 이제는 그렇게 하면 반인륜 국가로 지탄을 당하고 국제 사회에서 고립되어 온갖 불이익과 제약을 받게 됩니다. 합법적인 방법으로 자원과 노동력을 확보하고 시장을 확대해야 합니다. 이렇게 해서 '세계화globalization ●'가 시작되었습니다.

선진국의 기업들은 물건을 보다 싸게 만들기 위해 노동자의 임금이 낮고 입지 조건이 좋은 나라에 공장을 세웠습니다. 오늘날 세계적인 기

info.

세계화
각 국가와 민족 사이의 관계가 긴밀해지고 의존성이 높아지면서 세계가 하나의 체계로 통합되어 가는 현상

업들 대부분이 동남아시아와 동유럽 국가에 생산 기지를 두고 있는 이유가 바로 이 때문이죠. 동남아시아와 동유럽의 경제력이 떨어지는 나라에서는 선진국의 기업들이 자기네 나라에 공장을 세우는 것을 환영했습니다. 일자리와 돈벌이가 생기니까요.

그런데 해외에 생산 기지를 세우고 노동자를 고용하기만 하면 공장이 저절로 돌아갈까요? 현지 노동자들에게 생산 기술을 가르치고 생산 시스템을 관리하며 감독할 사람이 필요합니다. 이러한 일을 생산 기지가 만들어진 나라의 현지인이 하기는 어렵겠지요? 생산 시설을 세운 기업에서 사람을 보내야 합니다. 때문에 직장인들의 해외 출장과 파견이 늘어나기 시작했습니다.

여기까지는 세계화의 초보적인 단계에 불과합니다. 더 나아가 무역 장벽까지 허물어졌습니다. 무역 장벽이란 쉽게 말해서 한 나라가 자기 나라의 산업을 보호하고 육성하기 위해 가격이나 품질 면에서 경쟁력이 뛰어난 해외 상품의 수입을 금지하는 것입니다. 또 수입을 하더라도 높은 관세를 매겨 가격을 높임으로써 자기 나라의 소비자들이 구매하기 어렵도록 만드는 것 역시 무역 장벽입니다. 한때 우리나라는 해외 쇠고기의 수입을 금지했습니다. 우리나라의 축산 산업을 보호하기 위해 무역 장벽을 친 것입니다. 하지만 지금은 어때요? 마트에 가면 미국산과 호주산 쇠고기가 넘쳐납니다. 한국산 쇠고기보다 값도 쌉니다. 그러니 수입 쇠고기의 소비가 커질 수밖에 없습니다. 우리나라의 축산 농가는

| 영국 동인도회사의 런던 본사. 유럽 열강들이 아시아 식민지 정책을 펴면서 만든 동인도회사는 오늘날 다국적 기업의 모태라고 할 수 있다. 동인도회사는 착취를 목적으로 했으나, 다국적 기업은 이윤과 인재 영입, 시장 확대를 목적으로 한다.

울상을 짓는 반면, 우리나라에 쇠고기를 수출하는 나라의 축산 기업들은 주머니가 두둑해졌습니다.

인터넷이 발달하고 정보·기술 산업과 문화 산업의 비중이 점점 커지면서 세계화는 더욱 빠른 속도로 진행되었습니다. 무역 장벽과 경제의 국경이 무너진 것을 넘어 전 세계가 하나의 마을처럼 움직이게 되었습니다. 이러한 상황을 두고 '지구촌'이라는 말이 생겨났습니다. 마치 동네에서 일어난 일을 금방 알 수 있듯, 지구 반대편에서 벌어진 일을 거의 실시간으로 알게 되었어요. 『해리 포터』처럼 세계적으로 인기를 누린 소설이 전 세계에서 동시에 발매되기도 하고, 미국에서 만든 영화가 한국에서 먼저 개봉하는 일도 있습니다. 프랑스 파리나 미국 할리우드에서 유행하는 패션 스타일이 불과 며칠 간격을 두고 한국에서 유행하기도 합니다.

허물어진 것은 무역 장벽과 경제 국경만이 아닙니다. 인재의 국적마저 유명무실해졌습니다. 세계의 기업들은 자기네에게 필요한 인재를 영입하기 위해 구인 영역을 전 세계로 확대했습니다. 미국 기업이니까 미국인을 직원으로 고용해야 한다는 식의 개념이 희미해졌지요. 능력만 있다면 과거의 적대국이었던 러시아 사람도 얼마든지 직원으로 채용하게 된 거예요. 심지어 다른 나라 사람을 회사의 CEO로 영입하기도 합니다.

전 세계를 무대로 활동하는 다국적 기업도 수만 개에 이릅니다. 이들 다국적 기업은 전 세계의 주요 거점에 자회사를 설립하고 현지인을 직원으로 채용하며 생산 기지와 시장을 폭넓게 활용함으로써 세계 경제에 엄청난 영향을 미치고 있습니다.

이제는 동네에서 조그만 치킨 가게나 빵집을 운영하는 사람도 해외에서 일어나는 사건과 무관할 수 없습니다. 러시아에 태풍이 몰아쳐 밀 농사를 망치면 밀가루 가격이 올라 골목 빵집이 타격을 받고, 동남아시아와 아프리카의 커피 농사가 흉작이면 우리나라의 커피 전문점도 어려움을 겪을 수밖에 없어요. 2008년 미국의 투자 회사인 리먼브라더스가 파산했을 때는 전 세계의 경제가 휘청거렸고, 우리나라의 수많은 기업이 도산했습니다.

전 세계는 이제 서로 얽히고설킨 그물망처럼 연결되어 있습니다. 사실 제2차 세계 대전의 간접적인 원인이었던 대공황 때부터 그랬어요. 1929년 미국에서 일어난 증시 폭락 사태로 인해 전 세계가 휘청거렸잖아요. 그러니 세계의 연결망이 더욱 촘촘해진 오늘날에는 각 나라에서 벌어지는 사건이 세계에 미치는 영향력이 더욱 클 수밖에 없습니다.

서로 다른 것들이 만나
조화를 이루는 글로벌 세상

지금까지 선사 시대부터 오늘에 이르는 시간 속에서 세계가 하나로 연결되는 과정을 간략하게 살펴보았습니다. 혹시 여기까지 읽고서 이런 생각이 들지는 않나요? 에이, 글로벌 세상이 되어서 더 복잡해졌잖아! 하기 싫은 영어도 공부해야 되고!

하하하, 어떤 분에게는 글로벌 세상이 반갑지 않을지도 모르겠네요. 하지만 그건 누구의 탓도 아니고, 싫다고 해서 막거나 거부할 수 있는 일도 아닙니다. 아프리카에서 시작된 오스트랄로피테쿠스의 여정을 생각해 보세요. 초기 인류는 누가 시키지 않았는데도 수백만 년의 여행을 거쳐 지구 구석구석까지 퍼져 나갔습니다. 교통수단도 변변치 않았던 그 시대에 말이에요. 어쩌면 우리의 몸속에 더 넓은 세상을 만나고 싶어

HERNANDO DE MAGALLANES.
Cavallero Portugues, descubridar del
Estrecho de su nombre.

| 왼쪽 위부터 시계 방향으로 이슬람(모로코)의 여행가 이븐 바투타, 포르투갈의 탐험가 마젤란, 이탈리아의 상인 마르코 폴로, 한 무제의 명에 따라 서역으로 떠나는 장건의 사절단을 묘사한 그림이다. 이들은 동양과 서양이 긴밀하게 연결되기 전에 세계를 이었던 글로벌 인재였다.

하고 미지의 세계를 동경하는 '글로벌 DNA'가 있는 건 아닐까요?

저는 가끔 이런 생각을 합니다. 이 세상에 딱 하나의 언어만 존재한다면 어떨까? 여러분의 환호성이 들려오는 듯하네요. 그렇죠. 영어를 공부하지 않아도 되고 한자를 외울 필요도 없으니, 얼마나 좋겠어요? 하지만 제 생각은 조금 다르답니다.

영어와 한국어를 비교해 볼까요? 단어 자체가 다르기도 하지만, 어순이 다르고 표현 방식도 다릅니다. 그건 한국어를 모국어로 하는 사람과 영어를 모국어로 쓰는 사람의 생각하는 방식이 다르다는 사실을 뜻합니다. 같은 한자 문화권에 속하지만 중국어를 쓰는 사람과 일본어를 쓰는 사람도 마찬가지예요. 이처럼 세계의 각 민족은 자기만의 문화와 사고의 틀 속에서 자기만의 언어를 발전시켜 왔어요. 저는 각 민족마다 독특하고 고유한 문화를 발전시켜 온 것은 저마다 다른 언어를 사용했기 때문이라고 생각합니다. 여러분은 어떻게 생각하나요? 물론 언어가 다르기 때문에 소통에 어려움을 겪을 수는 있지만, 각 민족의 문화가 가진 다양성으로 인해 인류의 사고가 더욱 풍부해지지는 않았을까요? 서로 다른 것들이 만났기에 완전히 새로운 것을 만들어 낸 건 아닐까요?

이런 생각을 해 보세요. 일본에 가도 우리나라와 비슷한 문화재가 있고, 이탈리아에 가도 마찬가지라면 어떨까요? 전통 의상도 세계 어디를 가나 똑같고, 음식도 춤도 노래도 집의 생김새도 골목길도 다 어슷비슷하다면 정말 재미없지 않겠어요? 그렇다면 굳이 새로운 것을 경험하기 위해 외국에 나갈 필요도 없을 거예요. 세상이 이렇다면 우리의 생각도 어느 지점에서 멈추고 말 겁니다. 나와는 다른 어떤 것으로부터 자극 받을 일이 없을 테니까요.

우리가 아라비아 숫자라고 부르는 수의 체계는 인도에서 만들어졌습니다. 그것을 널리 퍼뜨린 사람들이 아라비아 사람들, 즉 이슬람교도들이었죠. 이슬람교도들은 오늘날 포르투갈과 스페인, 안도라가 자리 잡고 있는 유럽의 이베리아반도에 이슬람 국가를 건설했습니다. 이때 아라비아 숫자가 유럽으로 전해졌어요. 십자군 전쟁이 일어나기 전이었죠. 기독교 세계와 이슬람 세계가 대치하던 시기에도 문명과 문화가 상대 지역으로 전파되었던 거예요.

아라비아 숫자를 알게 된 유럽 사람들은 이슬람과 아시아 학문의 우수성에 놀랐습니다. 그들이 야만인이라고 깎아내렸던 존재들이 사실은 대단히 이성적이고 과학적인 사람들이라는 사실을 깨닫게 된 거죠. 수학뿐만 아니라 이슬람은 화학 분야에서도 뛰어난 성취를 이루었습니다. 이 선진적인 학문이 모두 유럽으로 건너가 서양의 발전을 도왔습니다.

기독교가 지배하던 중세의 유럽에서는 모든 학문이 신학과 종교의 잣대로 재단되었어요. 그리스와 로마의 찬란했던 지적 유산들이 종교의 위세에 눌려 모두 사장될 위기에 처했죠. 이때 유럽의 철학자와 과학자들은 자신들의 학문을 지키기 위해 이슬람 세계로 망명했습니다. 이슬람 세계의 우마이야 왕조와 아바스 왕조는 이방인에게 관대한 포용 정

오늘날 터키의 이스탄불에 있는 성소피아 성당과 내부의 기독교 성화들. 동로마 제국이 이슬람 제국에 멸망하면서 이곳은 기독교(그리스 정교)의 성당에서 이슬람의 모스크로 변신했다. 하지만 당시 이슬람의 정복자 메흐메트 2세는 이곳의 기독교 성화를 파괴하지 않고 단지 하얀 천으로 덮었을 뿐이다. 우상을 금지하는 이슬람의 율법에도 불구하고 이교의 성화와 조각들을 그대로 보존한 것이다. 이를 통해 다른 문화권의 유산을 존중하고 아꼈던 당시 이슬람 사람들의 열린 생각을 엿볼 수 있다.

책을 펼쳤기 때문에 유럽에서 건너온 학자들을 환영했죠. 그리고 거대한 도서관을 세우고 유럽과 인도, 중국의 서적들을 보관했을 뿐만 아니라 그 모든 서적을 아랍어로 번역하도록 했습니다. 실제로 오늘날 많은 학자들이 그리스-로마의 문화유산을 지켜 낸 것은 유럽의 기독교 세계가 아니라 이슬람 세계라고 평가하고 있답니다.

이처럼 상이한 세계에서 탄생한 '다른 것'들을 받아들이고 이것들이 어우러지는 가운데 세상은 성큼성큼 발전해 왔습니다. 진정한 글로벌 리더는 이 세계의 모든 것들을 일률적으로 통일하기를 원하지 않습니다. 때문에 나의 방식을 강요하지 않고 나와 다르다고 해서 차별하거나 폄하하지도 않습니다. 오히려 이 세상에 존재하는 다양성을 그대로 인정하고 이 다양성들이 조화롭게 공존할 수 있는 세상을 만들고자 합니다. 그리고 그것이 바로 제가 여러분에게 기대하는 리더의 모습이기도 합니다.

우리는 아직 출발점에 있습니다. 이 책과 함께하는 동안 우리는 여러 사람을 만나고 글로벌 환경에서의 실패와 성공 사례를 접할 것입니다. 이 여행을 하는 동안 여러분 안에 있는 장점을 더욱 가꾸는 기회를 갖기를 바랍니다.

자, 여기까지 오느라 고생하셨습니다. 조금 더 힘을 내서 앞으로 나아가자고요.

왜 글로벌 인재가
되어야 할까?

· · ·

글로벌 인재가 되기 위해 갖추어야 할 요건

세계화를 향한
대한민국의 첫 번째 도전은
왜 실패했을까?

세계가 글로벌 시대로 접어들었음을 인식하고 우리나라가 처음 세계화를 향한 닻을 올린 때는 1994년이었습니다. 21세기를 몇 년 앞둔 그 무렵 정부는 우리나라가 선진국 대열에 합류하기 위해서는 보다 적극적으로 세계 시장에 진출하는 동시에 세계를 우리 안으로 끌어와야 한다고 내다보았습니다. 그리고 이를 실현하기 위한 여러 가지 계획과 정책을 수립했습니다. 'globalization'이라는 영어 신조어가 '세계화'라는 한국말로 번역되어 대중적으로 퍼지기 시작한 것도 이때였죠.

우리나라 정부는 먼저 외환 시장 자유화 방안을 마련했습니다. 외환 시장을 자유화하면 기업 등은 해외 영업 활동을 하면서 외환 거래를 자유롭게 할 수 있고, 개인은 해외여행 경비, 유학비, 외국에 체재하는 데드는 비용 등으로 외화를 쓸 때 제한을 덜 받습니다. 외환 시장 자유화가 이루어지기 전에는 우리나라 기업이나 개인이 외국 돈을 쓰는 데 일정한 제약을 받았지만, 외환 시장 자유화를 통해 이러한 제한이 없어지거나 완화되는 거죠. 그러면 우리나라 기업과 사람이 보다 활발하게 해외에서 활동을 할 수 있습니다. 하지만 그만큼 자본이 외국으로 유출될 수도 있어요. 반면에 외국인 투자자가 우리나라에 투자를 하는 비율이 높아지면서 해외 자본이 우리나라에 들어올 수도 있죠.

그리고 정부는 '선진국 클럽'이라고 불리는 경제 협력 개발 기구^{OECD}● 에 가입하기 위해 노력하는 한편 세계화추진위원회, 세계화홍보대책협의회 등의 단체를 만들고 지원했으며, 세계화와 관련한 국제 학술 대회를 유치하고 개최하기도 했습니다.

우리나라 기업들도 적극적으로 해외에 진출했습니다. 1994년 삼성전자는 미국의 컴퓨터 기업 에이에스티^{AST}를 사들였고, 1995년 LG전자는

info.

경제 협력 개발 기구

Organization for Economic Cooperation and Development, 줄여서 OECD라고 한다. 1961년 유럽의 18개 나라와 미국, 캐나다가 참여하여 20개 회원국으로 출발했다. 이후 일본과 호주, 멕시코 등이 참여하면서 전 대륙으로 확대되었다. 우리나라는 1996년 29번째 회원국으로 참여하게 되었다. 회원국이 차지하는 전 세계 인구의 비율은 18%에 불과하지만, 세계 총생산(GNP)의 85%를 차지하고 수출입 물량의 70%를 차지한다. OECD는 전 세계의 경제 성장을 목표로 하는 한편 개발 도상국을 원조하고 통상을 확대하는 등의 역할을 한다. 하지만 세계 경제의 질서가 잘사는 나라 중심으로 형성되는 데 일조하고 있다는 비판을 받기도 한다. 2018년 현재 36개 나라가 회원국으로 가입해 있다.

미국의 가전 업체 제니스^{Zenith}를 인수했습니다. 현대전자^{지금의 하이닉스}는 1995년에 미국 오리건주에 13억 달러를 들여 반도체 공장을 설립했습니다. 대학들도 정부의 세계화 정책에 부응했습니다. 글로벌 인재를 양성한다는 취지로 정부의 지원을 받아 국제대학원, 국제학부 등의 프로그램을 앞 다투어 신설했습니다.

| 1995년 LG전자가 인수한 미국의 제니스는 1918년에 설립된 유서 깊은 가전 업체다. 1955년 리모컨으로 작동하는 TV를 선보이기도 했다.

우리나라 언론은 우리 기업들이 외국 기업들을 사들이는 것을 두고 핑크빛 전망을 내놓았습니다. '국내 기업'에 머물러 있던 우리나라 기업들이 해외에 진출하면서 하루아침에 '글로벌 기업'으로 변신했죠. 뉴스와 신문에서는 우리 기업이 외국의 기업을 인수했다는 사실을 크게 다루었습니다. 그 소식을 접한 우리 국민들은 마치 국제 사회에서 우리나라의 위상이 매우 높아진 듯한 우쭐함을 느꼈죠.

그런데 1996년 스위스의 국제경영개발대학원^{International Institute for Management Development, IMD}에서 세계 각 나라의 국가 경쟁력에 관한 보고서를 발표했습니다. 이 보고서는 47개 나라를 대상으로 여러 가지 항목에 순위를 매겼는데, 우리나라는 교육 분야에서 3위를 차지했습니다. 꽤 높은 순위죠. 반면에 47개 나라 중에 꼴찌를 한 항목도 있었습니다. 바로 '국제화' 분야였습니다.

물론 우리나라가 세계화의 기치를 내걸고 첫 걸음을 뗀 것이 그로부터 불과 2년 전이었습니다. 국제 사회에서 경쟁력을 갖추기에는 턱없이 부족한 시간이었죠. 게다가 스위스의 IMD가 경제 분야에서 꽤 권위를 인정받는 교육 기관이기는 하지만 일개 대학교에 불과하기 때문에 크게 신경 쓸 필요도 없었습니다. 그러나 당시 세계화를 국시로 내걸고 국가의 역량을 집중한 나라는 세계에서 우리나라가 유일했습니다. 그런데도 비교 대상국 중에서 최하위의 성적표를 받았다는 사실에 실망스럽지 않을 수 없었죠.

하지만 실망은 곧 환호로 바뀌었습니다. 그해 12월에 우리나라는 OECD에 가입한 29번째 나라가 되었거든요. 당시 정부와 언론은 '대한민국이 드디어 선진국 대열에 합류했다.'고 대대적으로 선전했고, 국민들도 어깨를 으쓱했습니다. 전쟁을 딛고 한강의 기적을 이룬 그동안의 노고가 드디어 보상을 받는 듯했습니다.

하지만 기쁨은 오래가지 못했습니다. 바로 다음 해인 1997년에 외환위기가 닥쳤거든요. 우리나라는 국제 통화 기금IMF*의 구제 금융을 받

info.

국제 통화 기금
2016년 기준으로 189개 회원국을 두고 있는 국제 금융 기구다. 회원국들의 금융 안정과 국가 간의 자유무역 확대, 고용 촉진 등을 목적으로 설립되었다. 회원국이 외환 위기를 맞을 때는 대출을 통해 금융 구제를 하기도 한다.

아야 했습니다. 3년 동안 이어져 온 세계화의 롤러코스터는 결국 실패라는 결과로 돌아오고 말았습니다.

당시 우리나라의 상황을 짚어 볼까요?

1996년 우리나라는 1인당 국민 소득이 1만 2,000달러를 넘어섰습니다. 당시 세계 평균이 5,500달러가 안 되었던 걸 감안하면 상당히 높은 편이었죠. 국내 총생산GDP은 세계 11위로 올라섰어요. 소득이 많아진 만큼 사회도 급격하게 변화했습니다. 산업 구조가 바뀌는 과정에서 고급 원자재의 수입량이 크게 늘었죠. 또 우리 기업들이 세계 시장으로 진출하고 외국 기업을 인수하는 과정에서 엄청난 자본이 해외로 빠져나갔습니다. 한국뿐만 아니라 동남아시아의 여러 국가가 빠른 속도로 성장하고 있었습니다. 이 나라들도 우리나라와 마찬가지로 해외 투자와 수입량이 늘면서 많은 돈을 썼어요.

각 나라는 자기 나라에서 발행하는 화폐가 있습니다. 우리나라의 원KRW, 미국의 달러USD, 일본의 엔JPY, 영국의 파운드GBP 등입니다. 우리나라 기업이 수입을 하거나 외국의 기업을 인수할 때는 그 나라 돈이나 국제적으로 통용이 되는 미국 달러로 지불해야 합니다. 그래서 국제 거래를 위해 외화, 즉 외국 돈을 비축해 두어야 해요. 이때 실제 외국 돈을 보유하기도 하지만, 대부분은 채권이나 증권 형태로 보유하게 됩니다. 이를 '외환'이라고 해요. 글로벌 경제에서는 이 외환을 주고받음으로써 거래가 이루어집니다.

그런데 아시아의 여러 나라가 세계화를 추진하면서 엄청난 양의 외환을 썼어요. 벌어들이는 돈보다 쓰는 돈이 더 많았던 거죠. 그러다가 결국에는 외환 부족 사태가 빚어졌습니다. 동남아시아 나라들에서 시작된 외환 위기가 도미노 현상을 일으켰어요. 동남아시아로부터 들어와야 할 외환이 제때 들어오지 못하자 우리나라 역시 다른 나라에 제때 지불을 하지 못하는 일이 일어난 거예요. 1997년 10월, 우리나라 정부는 외환 결재가 어려워지자 IMF에 구제 요청을 했습니다. 우리 능력으로는 국제 거래를 하면서 생긴 빚을 제때 갚을 수 없고 물건을 수입하거나 기업을 인수한 대가를 지불할 길이 없으니, 국제 사회의 도움을 구한 거예요. 이때 우리나라의 수많은 기업이 부도가 났고, 또 수많은 기업이 경쟁력을 높이기 위한 구조 조정에 들어갔어요. 구조 조정이란 기업의 경쟁력을 강화하기 위해 수익성이 낮은 부분을 정리하고 불필요하게 비대해진 조직을 축소하는 것을 말합니다. 우리나라 대부분의 기업들은 노동자를 해고하고 임금을 삭감하는 방식으로 구조 조정을 단행했어요. 그래서 실업자가 속출했죠.

우리나라가 이 지경이 된 데에는 여러 가지 이유가 있지만, 세계화 바람을 타고 인수했던 외국 기업들의 실적이 부진했던 것도 한 가지 원인이었습니다. 외국 기업들을 비싸게 사들였지만 그 회사들이 제대로 돈을 벌어들이지 못했던 거예요. 삼성전자가 인수했던 미국의 에이에스티는 부진을 면치 못했고, 결국 삼성전자는 에이에스티를 다시 처분했습니다. 다른 기업들도 상황이 비슷했습니다. 당시 우리나라 기업의 해외 진출은 수억 달러의 손실만 남겼습니다.

이처럼 세계화를 향한 우리의 첫 번째 도전은 실패로 끝났습니다. 서둘러 글로벌 환경에 뛰어들었다가 값비싼 대가를 치러야 했죠. 그런데 세계화를 향한 우리나라의 첫 번째 도전은 왜 실패했을까요?

글로벌 환경에 적응할 만큼, 또 해외 인력을 적절하게 활용할 만큼 우리의 인식 수준이 성장하지 못했고 역량도 갖추지 못했기 때문입니다. 세계화에 성공하기 위해서는 사람이 가장 중요합니다. 경제력으로 밀어붙여서 무작정 해외 기업을 인수한다고 해서 당장 글로벌 기업이 되는 것이 아니에요. 하지만 우리나라는 글로벌 인재를 양성하지 못했고 글로벌 인재를 키워 낼 시스템이 전무한 상태에서 섣불리 도전했다가 참담한 실패를 경험했던 거예요.

자, 이제 우리는 뼈아픈 실패를 통해 글로벌 인재의 중요성을 깨달았

습니다. 그렇다면 이후 우리나라는 글로벌 인재를 양성하기 위해 어떤
노력을 기울였을까요? 그리고 글로벌 인재가 되기 위해서는 어떤 능력
과 소양을 갖추어야 할까요?

영어를 잘하는 것은
시작에 불과하다

글로벌 인재란 나와는 다른 문화권에서 자란 외국인과 효과적으로 협력할 수 있는 능력을 갖춘 사람이라고 말할 수 있습니다. 외국인과 조화롭게 일하기 위해서는 나의 의사를 제대로 전달하고 타인이 뜻하는 바를 정확하게 이해할 수 있어야 합니다. 때문에 글로벌 인재가 갖추어야 할 첫 번째 능력은 외국어 능력입니다.

그런데 사실 우리나라에 파견되는 외국인 임직원이나 대사관 등의 한국 주재원들이 모두 한국어를 잘하는 것은 아닙니다. 전혀 못하는 사람도 많아요. 하지만 우리나라 사람이 외국에 파견될 때는 그 나라의 언어에 정통하지 않더라도 최소한 영어 하나만큼은 할 줄 알아야 합니다. 불공평하죠. 하지만 어쩔 수 없어요. 전 세계적으로 한국어를 쓰는 사람보다는 영어를 쓰는 사람이 훨씬 많으니까요.

UN 등의 국제기구에서는 6개의 언어를 공용어로 채택하고 있습니다. 첫째가 아랍어이고, 둘째가 중국어, 셋째가 영어, 넷째가 프랑스어, 다섯째가 러시아어, 여섯째가 스페인어예요. 이는 전 세계에서 사용 빈도가 가장 높은 언어들입니다. 지구상에는 7,000여 종류의 언어가 존재해요. 만약 여러 나라의 대표들이 모여 논의를 하는 국제회의에서 저마다 자기 나라 말로 이야기한다면 얼마나 혼란스럽겠어요? 그래서 UN은 사용하는 인구수가 가장 많은 6개의 언어를 공식 언어로 채택한 거예요. 공식 문서 역시 이 6개의 언어로 만들어지죠. 그렇다고 UN에 가서 한국어를 쓰지 말라는 법은 없습니다. 동시통역사가 한국어를 공식언어로 번역해서 각국의 UN 대사들에게 들려주니까요. 하지만 말을 옮기는 과정에서 실수가 있을 수 있고, 특히나 한국어는 단어와 조사 하나에 따라 의미가 미묘하게 달라지기 때문에 내 의사를 제대로 전달하기 위해서는 공식 언어를 쓰는 것이 좋습니다.

특히 영어는 글로벌 비즈니스 세계에서 가장 많이 쓰이는 언어입니다. 중국어를 쓰는 사람이 영어를 쓰는 사람보다 많지만, 그건 중국의 인구가 많아서입니다. 아랍어 역시 영어보다 훨씬 많은 사람이 쓰고 있지만, 이 역시 아랍 문화권에 제한되어 있어요. 처음 만난 프랑스 사람과 스페인 사람이 일부러 중국어나 아랍어로 대화할 이유는 없잖아요? 반면에 영어는 여러 나라에서 제2의 언어로 쓰고 있어요. 서로 다른 언

| UN 총회. 각국의 대표들이 국제 문제와 현안에 대해 논의하고 결정한다. UN 본부는 미국 뉴욕에 있다. © Drop of Light

어를 쓰는 두 사람이 대화를 할 때면 자기 나라 말이 아닌 영어를 쓰죠. 특히 글로벌 미디어 분야에서 영어가 차지하는 비중은 절대적입니다. 영어를 '세계 공용어'라고 부르는 데에는 다 이유가 있는 거예요.

이처럼 글로벌 환경에서 영어의 중요성이 크기 때문에 우리나라의 교육 기관들은 1990년대 후반부터 영어 능력을 강화하기 위한 프로그램을 도입했습니다. 초등학교까지 영어 교육이 확대되었고, 중고등학교에서는 문법 위주의 영어 수업이 듣기와 말하기 중심으로 바뀌었어요. 그리고 대학교에는 국제대학원과 국제학부가 신설되었습니다. 영어로 강의를 하는 것만으로는 부족해서 일상생활의 모든 활동을 영어로 하게 만드는 '영어 집중 프로그램'까지 개발되었습니다.

지금도 대한민국은 영어 열풍에 휩싸여 있습니다. 대학생들 사이에 어학연수가 필수 코스로 자리 잡았고, 적지 않은 수의 중고생들이 청소년 시절에 유학을 떠나기도 합니다. 뿐만 아니에요. 조기 유학이라는 새로운 풍습도 생겨났습니다. 초등학생이나 미취학 아동들마저 영어권 국가로 유학을 떠나는 거예요. 한국말도 제대로 익히지 못한 어린 아이들이 모국어처럼 영어가 유창해지기를 바라는 부모의 바람에 떠밀려 외국으로 떠나고 있습니다.

대학교를 졸업하고 취업을 하고 난 뒤에도 영어 공부를 멈출 수 없습니다. 대부분의 기업들이 직원을 채용하거나 승진을 위한 평가를 할 때 토익과 토플 점수를 요구합니다. 어떤 기업은 정기적으로 직원들의

| 우리나라 대부분의 사람들은 아주 어릴 때부터 영어 교육을 받는다.

영어 능력을 평가하는 시험을 치른다고도 합니다. 기업에서 영어 능력을 요구하기 때문에 퇴근 후에 영어 학원으로 향하는 직장인이 많아요. 그리고 '글로벌 비즈니스 프로그램'이라는 이름으로 기업에서 직원들에게 실시하는 다양한 연수 프로그램도 결국에는 영어 교육에 집중되어 있습니다.

우리는 왜 이토록 영어에 집착하는 걸까요? 이러한 집착의 바탕에 영어를 잘하기만 하면 저절로 글로벌 인재가 될 수 있다는 그릇된 믿음이 깔려 있는 건 아닐까요? 글로벌 환경에서 세계 공용어로 통용되는 영어를 잘하는 것은 매우 중요합니다. 하지만 글로벌 인재를 양성하기 위한 우리의 노력이 영어 교육에만 편중된다면 결국 우리는 진정한 의미의 글로벌 인재를 키워 낼 수 없고 우리나라의 국제화 경쟁력은 바닥권에서 벗어나지 못할 것입니다.

만약 영어 능력이 글로벌 역량의 전부라면 영어권에서 자란 사람들이 그렇지 않은 나라의 사람들보다 글로벌 환경에서 더욱 좋은 성과를 내야 합니다. 그러나 꼭 그렇지만은 않습니다. 실제로 미국 등 영어권 국가에서 다른 나라로 파견된 수많은 인력이 실패를 경험합니다. 한 다국적 헤드헌팅 회사의 인사 담당 부사장은 이렇게 말했습니다.

"중국에 진출해 있는 (미국인) 경영자 중에 얼마나 많은 사람이 중간에 포기하고 돌아가는지 아세요? 인사 담당 실무자라면 다 알고 있는 공공연한 비밀입니다."

미국이나 다른 나라의 기업들과는 달리 우리나라 기업들은 중국에 진출하면서 직원들에게 중국어를 가르치고 중국어로 현지인들을 통솔하게 합니다. 외국어 능력만큼은 다른 해외 기업에 비해 우리 기업들이 뛰어난 편이죠. 그렇다면 우리 기업들은 중국에서 성공을 거두고 있을까요? 안타깝게도 중국에 진출한 우리나라 기업 가운데 이익을 내고 있는 회사는 극소수에 불과합니다.

이러한 여러 실패 사례들은 외국어 능력이 반드시 글로벌 역량으로 연결되는 것은 아니라는 사실을 말해 줍니다. 영어를 잘한다고 해서 글로벌 환경에서 뛰어난 능력을 발휘하는 것이 아니며, 우리 기업의 직원들이 중국어를 잘한다고 해서 중국에 진출한 다른 외국 기업보다 유리한 것도 아닙니다. 영어를 잘하고 현지의 언어를 잘 구사하는 것은 '출발점'에 불과합니다.

외국어 능력과 업무 능력이 뛰어난 것만으로는 부족합니다. 우리가 놓치고 있는 중요한 것이 있어요. 그게 무엇일까요? 저는 여기에 대한 힌트를 오래전 TV에서 보았던 LA 한인 마트의 한 경비원에게서 발견했습니다.

1992년 LA 사태와
한인 마트의 혼혈 경비원

우리나라 청소년들의 학업 성취도는 세계 톱클래스에 듭니다. 전 세계 청소년들을 대상으로 하는 수학 올림피아드와 과학 경시 대회에서 매년 꾸준히 상위권의 성적을 내고 있고, 평균적인 학습 능력 역시 세계 최고 수준입니다. 그런데 이상하게도 이처럼 뛰어난 청소년들이 대학생이 되는 순간부터 경쟁력을 상실하고 맙니다. 왜 이럴까요?

크게 두 가지 이유를 들 수 있습니다.

하나는 우리나라 청소년들의 공부하는 목표가 대학 입시에 맞추어져 있기 때문입니다. 대다수의 청소년들이 오로지 좋은 대학에 가겠다는 목표로 공부를 하기 때문에 대학에 입학하는 순간 공부를 하는 목적의식을 상실해 버립니다. 그리고 곧 깨닫게 되죠. 대학에 들어간 것이 끝이 아니라 취직이라는 '입시'의 새로운 출발점이라는 사실을요. 그러면 어떻게 해요? 또 취직 공부에만 매달립니다. 대학생들의 수강 과목은 취직에 유리한 것으로만 채워집니다. 대학교는 학문을 하는 곳인데, 취업 전문학교로 변해 버렸어요. 이런 식으로 공부해서는 결코 이 세상이 필요로 하는 참다운 인재가 될 수 없습니다.

물론 열심히 공부해서 좋은 직장에 들어가는 것은 의미 있는 일입니다. 하지만 성인이 되고 난 뒤를 생각하며 멀리 바라보고 공부한 사람과 당장 시험 성적과 점수를 잘 받기 위해 아등바등하며 공부한 사람 중에 누가 훗날 좋은 성과를 낼까요? 가까운 일본만 해도 노벨상을 수상한 사람이 적지 않은데, 지금까지 우리나라 사람 가운데 노벨상을 수상한 사람이 딱 한 명뿐이고 그것도 학문과는 거리가 있는 '평화상'을 수상했다는 사실은 무엇을 의미할까요? 선진국의 학생들은 충분히 사색하고 탐구하며 착실하게 기본기를 다졌기에 성인이 되어서 더욱 창의적으로 자신의 능력을 발휘할 수 있는 겁니다.

우리나라 대학생들의 경쟁력이 급격하게 떨어지는 두 번째 이유는 우리 청소년들이 과도한 경쟁에 노출되어 있기 때문입니다. 초중고 시절부터 남을 이겨야 한다는 생각이 머릿속에 꽉 차 있습니다. 시험 성적과 등수가 사람을 평가하는 잣대가 되어 버렸어요. 이렇게 자란 친구는 어른이 되어서도 여전히 경쟁이라는 덫에 걸린 채 살아가게 됩니다. 무조건 이겨야만 하니까 남과 화합할 줄 모르고 타인을 배려할 줄도 모릅니다.

어릴 때 시험 성적 잘 받고 등수를 높이기 위해서는 혼자서 노력해도 충분합니다. 하지만 어른이 되어 직장과 사회에서 좋은 성과를 내기 위해서는 반드시 타인과 협력해야 합니다. 회사에서 직급이 올라갈수록 협력과 화합이 더욱 중요해집니다. 직급이 낮을 때는 성과를 내다가도 직급이 올라가서 팀원들을 통솔해야 하는 위치에 오르면 곤두박질치는 직장인이 많은 것도 이 때문입니다. 때로는 남을 따라가기도 하고 때로는 남을 이끌어야 합니다. 때로는 손해를 볼 줄도 알고, 자신의 것을 내줄 수도 있어야 합니다. 무엇보다도 자신과 다른 가치관과 생각을 가진 사람을 포용할 줄 알아야 합니다. 나와 타인의 다름과 차이를 인정할 줄 알아야만 그 차이와 다양성에 숨겨진 새로운 에너지와 창의적 아이디어를 활용할 수 있습니다.

대학생들이 전문적으로 공부하는 이문화 경영을 제가 앞에서 소개했던 이유는 여러분이 훌륭한 리더로 거듭나기를 바라기 때문입니다. 앞으로 여러분이 살아갈 글로벌 세상에서 자신이 가진 능력을 보다 잘 발휘할 수 있도록 돕고 싶거든요. 개인의 능력이란 무언가를 성공시키는 극히 일부의 요소에 지나지 않습니다. 보다 중요한 것은 나와는 다른 타인을 수용하고 그들의 협력을 이끌어 낼 수 있는 마음가짐과 태도입니다.

1992년에 LA에 거주하는 흑인들이 집단 폭동을 일으켰습니다. 교통

신호를 어긴 흑인 운전자 로드니 킹을 과도하게 진압하여 불구로 만든 백인 경찰관들이 법원으로부터 무죄 판결에 가까운 솜방망이 처벌을 받은 것이 발단이었습니다. 거리로 뛰쳐나온 흑인들의 숫자가 점점 불어나더니 곧 폭도로 돌변했습니다. 그런데 이상하게도 흑인들의 분노가 표적으로 삼은 것은 백인이 아니라 LA에 거주하는 한인* 이었습니다. 백인 경찰관들이 무죄로 풀려난 것에 대한 흑인들의 분노가 평소에 자신들을 업신여기는 태도를 보여 온 한인들에게로 향한 것입니다.

흑인들은 무법 지대로 변해 버린 상태에서 한인들이 운영하는 슈퍼마켓과 마트로 쳐들어가 닥치는 대로 물건을 빼갔습니다. LA 경찰국이 수수방관하는 동안 이를 막기 위해 한인들은 자체적으로 무상 수비대를 조직했고 흑인들과 총격전을 벌였습니다. 이 일로 많은 한인이 다치거나 죽었습니다.

사태가 진정된 뒤 우리나라의 한 방송사가 LA로 취재를 갔습니다. 카메라에는 LA 폭동 당시의 참상이 낱낱이 포착되었습니다. 그런데 취재진은 한인이 운영하는 마트 가운데 유독 한 곳만은 전혀 공격을 당하지 않았다는 사실을 알게 되었습니다. 소식을 접한 취재진은 그 이유가 궁

info.

한인
외국에 나가 살고 있는 한국인을 통틀어 부르는 말. 우리나라는 이중 국적을 허용하지 않기 때문에 이들 중에는 한국 국적을 유지한 사람이 있는가 하면 그렇지 않은 사람도 있다.

1992년 LA 사태 당시 불에 탄 한인 상점. 폭동이 일어난 1992년 4월 29일부터 5월 4일까지 LA의 한인 타운은 90% 이상 파괴되었다. ⓒ Joseph Sohm

금해 그곳을 찾아갔습니다. 거기에서 취재진은 유니폼을 차려입은 흑인 경비원을 만났습니다. 흑인이기는 한데, 어딘지 모르게 생김새나 표정이 매우 친숙했습니다.

취재진이 영어로 인사를 건넸습니다. 그러자 그 흑인 경비원은 수줍은 듯 미소를 지으며 이렇게 대답했습니다. "네, 안녕하세요." 분명한 한국말이었습니다. 벌써 30여 년 전에 본 방송이라 분명하지는 않지만 나름 기억을 짜내어 다음의 대화를 이어 보겠습니다.

취재진이 물었습니다.

"아, 한국인이세요?"

"네, 맞습니다. 한국에서 미국으로 온 지 석 달밖에 안 됐어요."

"네. 그럼 영어는 할 줄 아세요?"

"아뇨. 아직은 전혀 못해요."

그러면서 그 혼혈 한국인 경비원은 무언가 잘못하기라도 한 것처럼 또 수줍은 미소를 지었습니다.

당시의 한국 취재진은 다큐멘터리의 마지막에 LA 폭동에 대해서 이렇게 진단했습니다.

폭동에 동참한 흑인들은 LA의 하층민으로 살아갔습니다. 그들은 인종 차별이 곳곳에 도사리고 있는 미국 사회에서 백인보다 나을 것도 없는 한인들이 평소에 자신들을 업신여기는 것에 대해서 늘 불만을 품고 있었습니다. 대중의 광기가 폭발하자 하층민 흑인들은 분노에 휩싸인 채 무차별적인 폭력을 휘둘렀고, 그런 가운데 한인들을 향한 불만과 악감정이 촉발되어 한인들과 한인들의 가게를 표적으로 삼은 것입니다.

그렇다면 한국인 혼혈 경비원이 있던 한인 마트는 어떻게 흑인들의 표적이 되지 않았을까요? 취재진은 바로 그 혼혈 한국인 경비원에 주목했습니다. 그는 흑인의 생김새를 하고 있지만 한국인이었습니다. 영어는 한 마디도 할 줄 몰랐습니다. 미국 사회에 대한 지식이나 인식도 없었습니다. 하지만 그는 아버지가 흑인이었고 그 자신도 흑인의 모습을 하고 있었기에 흑인에 대한 편견이 없었습니다. 영어를 할 줄 몰랐기에 마트에 찾아온 손님들에게 그저 순박한 미소를 지어 보이는 것이 그가할 수 있는 전부였습니다. 그 마트에 드나들던 흑인들은 그 경비원이 한국인과 흑인 사이에 태어난 혼혈인이라는 사실을 알았을까요? 미국 사회에서는 혼혈인에 대한 편견이 약하니 어쩌면 그러한 사실이 중요하지 않았을지도 모릅니다. 다만 영어를 할 줄 모르지만 자신들을 향해 잘 웃어 주는 이 '한국인 총각'에게 흑인들은 호감을 갖지 않았을까요? 그래서 집단적인 광기에 휩싸인 중에도 흑인들 사이에는 '저곳만은 건드리지 말자'는 암묵적인 약속이 형성된 것인지도 모릅니다.

그리고 끝으로 취재진은 미국의 한인 사회가 LA 지역 사회와 공동체에 기여할 수 있는 길을 찾아야 한다고 말했습니다. 한인들끼리만 똘똘 뭉치고 미국에서 얻은 이익을 지역 사회에 환원할 줄 모른다면 언젠가 똑같은 일이 되풀이될 것이라고 아프게 지적했습니다.

| 나와 타인의 다름과 차이를 인정하고 함께 나아갈 수 있는 것이 곧 리더십이다.

어떤가요? 한인 마트의 혼혈 한국인 경비원은 LA 사람들 입장에서 보자면 벙어리에 무지렁이나 다름없었습니다. 말(영어)을 할 줄 모르고 미국 사회에 대한 지식도 부족했으니까요. 하지만 그는 한인과 흑인 모두를 똑같이 대했고, 늘 미소를 잃지 않았습니다. 이 사소해 보이는 마음가짐과 행동 하나가 엄청난 폭력으로부터 자신과 가게를 구한 것입니다.

저는 그때의 그 혼혈 한국인 경비원을 '글로벌 인재'라고 생각하지는 않습니다. 아버지의 나라에서 새로운 삶을 시작한, 그저 심성이 고운 한국인 청년일 뿐이었죠. 하지만 저는 그 청년의 순박한 표정과 겸손한 태도를 보면서 많은 것을 생각했습니다. 사실 흑인의 모습을 한 채 한국에서 한국인으로 살아가기란 참 힘듭니다. 세계화에 대한 인식이 부족했던 1990년대 초반에는 더욱 그랬죠. 사람들은 혼혈 한국인을 보면 동물한테나 쓰는 말인 '튀기'라고 부르며 조롱했고, 흑인 혼혈인을 대할 때는 업신여김의 정도가 더욱 심했습니다. 그런 어려움을 겪고도 그 혼혈 한국인 경비원이 그처럼 고운 심성을 유지할 수 있었다는 사실이 놀라웠습니다. 그는 다름과 차이에서 오는 갖은 편견과 차별을 이겨 내고 LA까지 날아와 마트 한 구석에 서서 사람들에게 미소를 지어 주고 있었던 겁니다.

그리고 가끔 그의 현재를 상상해 보고는 합니다. 지금쯤이면 그도 영어가 유창하겠죠. 어쩌면 지난 30여 년 동안 그는 미국인으로 살아오면서 한인 사회와 흑인 사회를 연결하고 두 사회의 갈등을 조정하는 리더가 되어 있지는 않을까요? 그처럼 강인한 인내심과 고운 심성을 잃지 않았다면 그는 분명 자신의 새로운 공동체에서 글로벌 역량을 발휘했을 겁니다.

제가 이 혼혈 한국인 경비원을 통해 말하고 싶은 것은 이것입니다. 어느 곳에서나 훌륭한 인격과 타인을 배려하는 마음은 힘을 발휘한다는 사실. 사람의 협력을 끌어내고 나와는 다른 존재와의 조화를 이루도록 만드는 것은 외국어 능력이나 업무 능력이 아니라 타인을 이해하고 수용하는 마음가짐이라는 사실 말입니다.

앞으로 여러분은 외국에 나가거나 나가지 않거나 여러분과는 다른 가치관과 행동 양식을 가진 사람들과 생활하고 일하게 될 것입니다. 이러한 환경에서 내가 가진 능력을 잘 발휘하고, 아울러 나와 함께하는 사람들의 능력까지 끌어내기 위해서는 하나를 더 가져야 합니다. 그 하나란 바로 '글로벌 리더십global leadership'입니다.

매니저, 리더
그리고 리더십

　저는 이문화 경영을 연구하고 가르치면서 외국에 진출한 우리나라 기업과 우리나라에 진출한 외국 기업의 사례를 많이 수집했습니다. 한번은 우리나라에 진출한 다국적 기업의 CEO를 인터뷰할 기회가 있었습니다. 이 다국적 기업은 우리나라 기업의 공장 두 곳을 인수하고 합병하면서 한국에 자회사를 설립했는데, 임직원의 수는 2,000명 정도였습니다. 한국으로 파견된 CEO는 미국인이었습니다.

　이런저런 이야기를 하던 중에 한국의 직원들을 평가해 달라고 물었습니다. 그러자 그 미국인 CEO는 이렇게 답하더군요.

　"매우 근면하고 성실한 사람들입니다. 그런데 한 가지 안타까운 점이 있습니다. 좋은 사람들이긴 한데 시키는 대로만 움직여요."

일을 잘하기는 하는데 자율성이 부족하다는 말이었습니다. 이 미국인 CEO의 아쉬움은 북아메리카와 우리나라의 문화 차이에서 비롯된 것이기도 합니다.

그는 CEO로서 해야 할 자신의 역할을, 강압적으로 일을 하게 만들기보다는 직원들이 자율적으로 일할 수 있는 분위기를 조성하고 필요한 도움을 주는 것이라고 생각하고 있었습니다. 그래서 직원들이 자신의 목표를 스스로 정하고 그것을 성취하면서 보람을 느끼며, 또 자율적인 분위기 속에서 창의력을 발휘하며 일해 주기를 기대했습니다. 하지만 우리나라 직장인들은 대체로 '명령'과 '통제'에 익숙합니다. 상사가 시키는 일을 하고 주이진 할당량을 채우는 데에는 뛰어나지만, 스스로 일을 주도하는 데에는 약합니다.

우리나라의 직장인들이 명령과 통제에 따르면서 편안함을 느끼는 이유는 오랫동안 우리나라의 기업 문화가 그렇게 정착되어 왔기 때문입니다. 문화는 쉽게 형성되지도 않지만, 한 번 굳어진 문화는 쉽사리 변하지 않습니다. 제가 이 미국인 CEO를 인터뷰한 것이 2000년대 초반이었습니다. 오늘을 살아가는 지금 대한민국의 직장인들은 어떻게 변했을까요?

기업에서는 자율과 창의를 강조하지만 우리나라 직장인들은 여전히 강압적인 조직 문화에서 자유롭지 못합니다. 상사가 퇴근을 하지 않으면 부하 직원도 퇴근할 수 없어요. 상사는 제때 퇴근해서 집에 가 봐야

직장과 직업은 자아를 실현하는 장이 되어야 하지만, 대부분의 직장인은 직장 생활을 하면서 강한 압박과 스트레스에 시달리고 있다. 우리 직장인 사회의 억압적인 구조를 개선하지 않고서는 글로벌 환경에서도 성공할 수 없다.

가족에게 환영받지 못할 뿐이어서 회사에 남아 있는 건데, 부하 직원들은 자리를 뜰 수 없는 거예요. 이런 식으로 매일매일 무의미한 야근이 이어집니다. 2018년 우리나라에 주 52시간 근무제가 도입되었지만, 우리나라 근로자의 노동량이 획기적으로 줄어들었다고 볼 수도 없어요. 이 제도가 시행되면 당장 대기업에만 적용됩니다. 영세 사업장은 여전히 사각지대에 놓여 있어요. 또 직장에서 제시간에 퇴근하더라도 업무가 집까지 이어진다면 여전히 '야근'을 하는 셈입니다.

사회가 경직될수록 강압적인 조직 문화가 힘을 발휘합니다. 이렇게 억압된 상태에서 어떻게 창의력을 발휘할 수 있을까요? 저는 대한민국의 경제 성장률이 정체된 데에는 우리나라 기업의 잘못된 조직 문화가 많은 부분을 차지하고 있다고 생각합니다. 그래서 어떤 학자는 이런 말을 했습니다. "한국에는 리더만 있고 리더십은 없다." 하지만 저는 달리 생각합니다. '리더십이 없으면 리더도 없다.'고요. 리더십을 갖추지 못한 리더란 존재할 수 없기 때문입니다.

리더와 리더십에 대해서 더 깊이 살펴볼까요?

'매니저manager'와 '리더leader'가 있습니다. 매니저는 지시하고 통제하면서 사람들을 관리하는 '관리자' 혹은 '책임자'입니다. 반면에 리더는 사람들이 자율적으로 일하도록 만드는 능력을 가진 사람입니다. 대부분의 사람들은 통제를 받는 것보다는 자율적으로 일하는 것이 좋다고 이야기합니다. 하지만 자율적으로 일하기 위해서는 자율적으로 일할 수 있는 환경을 만들어 주는 누군가가 있어야 합니다. 사실 지시하고 통제하면서 부하 직원을 다그치는 것은 쉽습니다. 일에 대한 동기를 부여하고 스스로 일하도록 만드는 것이 어렵습니다. 그래서 우리 주변에 매니저는 흔하지만 진정한 의미의 리더는 찾아보기 힘듭니다.

사회가 아직 성숙하지 못한 단계에서는 매니저가 필요합니다. 우리나라의 1960~1970년대가 그랬어요. 그때는 이제 막 공장이 하나둘 지어지고 지방의 농촌과 어촌에서 살던 사람들이 도시의 공장 노동자로 변신하던 때였습니다. 싸고 질 좋은 물건을 많이 만들어 내는 것이 중요했습니다. 노동자들은 관리자들의 엄격한 관리 아래 물건을 만들고 회사는 그 물건을 내다 팔았습니다. 그렇게 우리는 가난에서 벗어났습니다.

경공업이 중심이었던 우리나라의 산업 구조는 1970년대 후반부터 중화학 공업 분야가 눈에 띄게 발전하면서 경제가 쑥쑥 성장했습니다. 그러다가 1990년대 중반에 우리나라 기업도 해외에 진출하여 생산 기지를 세우는 단계에 이르렀죠. 당연히 해외에 진출한 우리나라 기업에서는 한국인 직원을 생산 기지를 세운 현지로 파견해야 합니다. 이때 우리나라 기업은 어떤 직원을 파견했을까요? 우리나라에서 관리자로 뛰어난 능력을 발휘하고 성과를 낸 사람을 파견했겠죠. 그런데 여기에서 문제가 발생했습니다. 해외에 파견된 그 관리자는 한국에서 하던 대로 해외 생산 기지의 직원들을 관리하고 생산 라인을 감독했습니다. 하지만 그 나라 사람들에게는 그 방식이 전혀 먹히지 않았습니다. 현지 직원들은 크게 반발했고 급기야 노동 쟁의까지 일어났습니다.

한국에서 파견된 그 관리자는 자신이 해 왔던 방식대로 해외의 직원들을 관리하려 했습니다. 어떤 방식이었냐 하면 직원들을 감시하고 통제하며 때로는 윽박지르고 심지어 욕설도 서슴지 않았습니다. 한국에서 그렇게 해서 성과를 내었고 그것을 인정받아 해외 법인의 책임자로 올 수 있었으니, 해외에서도 그 방법이 통하리라 생각했던 거죠. 하지만 그 나라 국민들은 비록 경제적으로 빈곤한 편이었지만 민족적 자긍

심이 대단히 강한 사람들이었고 강압적인 방식에 굴복하지 않는 사람들이었어요. 공장의 생산성은 크게 떨어졌고, 그 나라 사람들은 한국에 대한 반감마저 갖게 되었습니다.

우리 기업이 동남아시아 지역에 세운 생산 기지 대부분에서 이런 일이 일어났습니다. 이 일들은 우리나라 사회의 부끄러운 단면을 보여 줍니다. 일제강점기와 근대화 과정에서 우리나라 국민이 억압적인 방식에 길들여졌고, 노동 현장에서는 엄격한 상하 질서에 순종해 왔다는 사실을 말해 주니까요.

앞서 밝혔듯, 사회가 미성숙 단계에 있을 때는 통제와 관리가 효과적일 수 있습니다. 하지만 사회가 성숙하면, 아니 성숙하기 위해서는 매니저보다는 리더가 필요합니다. 이제는 싸고 좋은 물건만 만들면 저절로 팔리는 시대가 아닙니다. 가격이 비싸더라도 소비자의 욕구를 충족시켜 주는 물건이 팔립니다. 이런 물건을 만들어 내기 위해서는 물건을 만드는 사람이 창의력과 안목을 갖추어야 합니다. 그런데 창의력과 안목은 위에서 시킨다고 해서 갖추어지는 것이 아닙니다. 통제하고 지시하면 창의력이 막힙니다. 자유롭게 사색하고 마음껏 경험하는 가운데 창의력이 발휘되고, 세상이 깜짝 놀랄 만한 물건을 만들어 낼 수 있습니다.

매니저가 나쁘다는 말이 아니에요. 매니저의 역할과 리더의 역할이 다르다는 점을 말하고 싶은 겁니다. 훌륭한 리더는 매니저의 능력과 리더의 능력을 두루 겸비해야 합니다. 일을 시킬 때는 철저하고 공정해야 하며, 그러면서도 동기와 자율성을 심어 줄 수 있어야 합니다. 리더는 앞장서서 사람들을 따라오도록 만드는 동시에 때로는 뒤에서 밀어 주기도 해야 합니다. 또 때로는 나란히 손을 잡고 가야 합니다. 그리고 리더십의 핵심은 조직 내의 구성원들을 지배하고 통제하는 '힘'이 아니라, 함께 성과를 만들어 내고 먼 길을 같이 가겠다는 '마음'입니다.

글로벌 리더와
글로벌 리더십

지금까지 이야기한 내용을 간략하게 정리하고 다음으로 넘어갈게요.

리더는 조직을 이끌어 가는 사람입니다. 그렇다면 한 회사에는 리더가 CEO 한 명만 있을까요? 그렇지 않습니다. 회사나 기업을 비롯한 거의 모든 조직은 여러 개의 작은 조직으로 구성되어 있습니다. 그리고 그 조직마다 리더가 있죠. 학교를 예로 들어 볼까요?

제가 중학교와 고등학교에 다닐 때만 해도 한 학급의 학생 수가 60명이었습니다. 20~30명의 학생이 한 학급을 이루는 지금과 비교하면 상당히 많았죠. 그런데 저희보다 약간 아래 세대는 한 학급의 정원이 64명이었다고 합니다. 왜 64명이냐 하면, 가로로 여덟 줄, 세로로 여덟 줄로 책상을 배치했거든요. 그리고 각 학급에는 분단이 있었습니다. 64명이 정원인 학급의 한 분단은 두 개의 책상을 나란히 붙인 상태에서 세로로 여덟 줄을 만들었어요. 그러면 한 분단에 학생이 몇 명이죠? 16명이죠. 이 16명이 하나의 분단입니다. 각 분단에는 분단장이 있었어요. 분단장이 그 분단의 리더인 거죠. 자, 한 학급의 분단장이 몇 명인가요? 4명이죠. 여기까지만 해서 이미 4명의 리더를 확보했습니다.

그리고 반장 1명과 부반장 2명이 있습니다. 총무부장, 학습부장, 체육부장, 미화부장, 선도부장도 있었어요. 반장과 부반장은 학급의 리더이고, 각 부장들은 숙제 검사를 할 때나 청소를 할 때, 체육 시간과 학급의 규율을 점검할 때마다 리더의 자리에 섭니다. 조금 전 4명의 분단장에 이들을 합하면 벌써 12명의 리더가 생겼습니다. 이뿐인가요? 소풍을 가면 오락 시간을 이끄는 오락부장도 있어요. 그리고 선생님이 조별로 숙제를 내면 조장이 만들어지기도 합니다. 어휴, 정원 64명의 한 학급에 리더가 이렇게나 많아요.

그뿐인가요? 특별 활동을 할 때도 리더가 생기기 마련입니다. 방과후에는 어때요? 학교 안에서는 기를 못 펴다가도 수업이 끝나서 학교를 나서면 달라지는 애들이 있어요. 이 아이들은 학교 밖의 리더들이에요. 그리고 학급이 모여 학년을 이루면 학년장이 있습니다. 모든 학년이 모이면 학생회장이 있죠. 만약에 전교생을 모아 놓고 "학교 다니는 동안 리더 역할 해 본 사람 앞으로 나오세요!"라고 소리치면 거의 모든 학생이 우르르 달려 나올 거예요.

| 참된 리더는 '모두'를 돋보이게 함으로써 스스로 빛이 나는 존재다.

제가 하고 싶은 말은 우리의 일상에서 리더란 특별한 존재가 아니라는 것입니다. 직위가 낮아도 우리는 특별한 상황에서 누구나 리더가 될 수 있습니다. 그러니 '나는 리더가 될 수 없기 때문에 리더십 따위는 필요 없어.'라고 생각해서는 안 됩니다. 우리는 이미 모두 리더입니다. 그러니 리더십은 모든 사람이 갖추어야 할 덕목이라고 할 수 있어요.

리더십의 본질은 지위나 계급의 문제가 아니라 그룹이나 조직에서 여러 사람이 효과적으로 함께 일할 수 있게 만드는 대인관계의 기술과 관련한 것입니다. 리더십은 윗사람과 아랫사람 사이의 수직적 관계뿐만 아니라 수평적 관계에 있는 동료들 사이에서도 발휘될 수 있으며, 아랫사람이 윗사람에게 발휘할 수도 있습니다.

그런데 왜 리더가 중요할까요? 그 이유는 리더 한 사람에 의해 조직과 공동체의 운명이 바뀔 수 있기 때문입니다.

다들 타이타닉호를 알고 있을 거예요. 빙산에 부딪혀 바다에 침몰한 거대한 여객선입니다. 타이타닉호가 침몰했을 때 운명론과 점성술을 믿는 사람들은 이런 의문을 품었습니다. 타이타닉호에 타고 있다가 죽은 1,514명의 사람들은 한날한시에 죽을 운명이었을까? 여기에 한 점성술가가 대답했습니다. "죽을 운명을 타고난 사람은 딱 한 명이었다. 바로 타이타닉호의 선장."

누군가가 지어낸 이야기일 겁니다. 그런데 이 이야기는 하나의 조직(타이타닉호)을 책임지고 있는 리더 한 사람(선장)이 어떤 길을 가느냐에 따라 그 조직의 운명이 달라질 수 있음을 말해 줍니다. 동아리의 회장이, 기업의 CEO가, 국가의 대통령이 잘못된 결정을 내리거나 조직을 잘못 이끌 때 어떤 비극이 일어나는지는 여러분도 경험하고 목격했을 거예요. 리더는 그저 조직의 대표성을 띠는 상징적인 존재가 아니라, 조직을 흥하게도 하고 망하게도 하는 실질적인 존재입니다.

자, 그러면 이제 '글로벌 리더'와 '글로벌 리더십'에 대해서 생각해 볼까요?

글로벌 리더는 나와는 다른 문화권에서 자란 외국인과 효과적으로 협력할 수 있는 능력을 가진 사람입니다. 글로벌 리더는 앞서 밝힌 매니저와 구분되는 리더의 능력을 글로벌 환경에서 외국인을 대상으로 발휘할 수 있어야겠죠. 그리고 글로벌 리더십이란 문화적 배경이 다른 외국인들과 함께 일하면서 조직을 하나로 뭉치고 구성원들이 스스로 동기를 부여하며 자발적으로 일할 수 있도록 만드는 능력입니다.

글로벌 리더는 외국어 능력을 갖추어야 할 뿐만 아니라 자신이 일하게 될 나라, 함께 협력해야 할 구성원들이 속해 있는 문화에 대해서도 알고 있어야 합니다. 한국에서는 지극히 당연한 일들이 다른 나라에서나 외국인 앞에서는 절대로 해서는 안 되는 일이 되기도 하거든요.

예를 들어 우리나라에서 엄지와 검지 끝을 맞붙여서 동그랗게 만들면 '돈'을 뜻합니다. 미국과 캐나다에서는 '오케이^{OK}'를 의미하고, 프랑스 남부에서는 '제로^{zero}', 즉 아무런 가치가 없다는 뜻으로 쓰입니다. 그런데 브라질이나 독일에서 손가락으로 이런 모양을 만들었다가는 큰일날 수 있어요. 이들 나라에서는 그게 성적인 표현이거든요. 가령 어느 백인 여성을 향해 '그렇게 해도 좋다'는 뜻으로 손가락으로 OK를 표시했는데, 그 여자가 독일 사람이면 어떻게 해요? 그 독일 여성이 글로벌 사회에서 그 표현이 어떤 의미를 갖는지 안다면 다행이지만, 그렇지 않다면 시비가 벌어질 수도 있어요.

이 외에도 글로벌 리더가 갖추어야 할 소양이 아주

많습니다. 글로벌 리더가 되기 위해서는 많은 훈련을 거쳐야 해요. 리더십의 본질인 '사람의 마음을 얻는 능력'을 갖추어야 할 뿐만 아니라 문화의 다양성에 대한 이해의 폭을 넓혀야 합니다.

우리나라에서는 성공적인 리더였다가도 해외에 나가서는 실패하는 경우가 많습니다. '리더'이기는 하지만 '글로벌 리더'가 되지는 못하는 사람이 많은 거예요. 이 역시 문화의 다양성과 각 문화권의 미묘한 차이를 간파하지 못한 데서 오는 실패입니다. 세계화를 향한 우리의 첫 번째 도전이 어땠는지 되새겨 보세요. 한 사람의 리더뿐만 아니라 기업 자체가 글로벌 마인드와 글로벌 리더십이 무엇인지 제대로 알지 못한 상태에서 해외로 진출했기에 실패할 수밖에 없었던 거예요. 다음 글에서 '한국에서의 성공'이 오히려 '해외에서의 실패'를 부르는 이유가 되는 일에 대해서 살펴보면서 글로벌 리더의 중요성을 다시 한 번 알아볼게요.

한국에서의 성공이
글로벌 환경에서는 실패의 원인이 되는 이유

리더와 글로벌 리더는 많은 부분에서 차이가 있습니다. 앞서 동남아시아의 생산 기지로 파견되었던 우리나라 기업의 직원을 생각해 보세요(물론 그 직원은 엄밀히 말해서 리더가 아니었고 글로벌 리더는 더더욱 아니었지만요). 자신의 성공 방식이 다른 나라에서도 통할 거라고 믿었지만, '우리나라에서의 성공'이 다른 나라에서는 실패의 원인이 되었습니다.

그런데 경영 기법이 선진화되고 엄청난 수의 해외 직원을 거느리고 있는 오늘날 우리의 기업들도 같은 실수를 되풀이하고 있습니다. 우리나라에서의 성공 모델을, 또는 어떤 나라에서의 성공 모델을 다른 나라에 가서도 그대로 적용하면서 성공 공식과 문화가 충돌을 일으켜 결정적인 실패 요인이 되기도 합니다. 때문에 성공이 오히려 실패의 원인이

된다는 '이카로스의 역설'이라는 말
이 나왔어요.

다들 이카로스에 대해서는 아시
죠? 아버지 다이달로스가 만들어 준
날개를 달고 이카로스는 창공을 날
았습니다. 태양 가까이 가면 날개를
이어 붙인 밀랍이 녹을 거라는 아버지의 충고를 무시한 채 그는 자신이
하늘을 날고 있다는 황홀함에 도취되어 점점 더 높이 솟아올랐습니다.
결국에는 다이달로스의 경고대로 밀랍이 녹아 버렸고 이카로스는 바닥
으로 추락해 목숨을 잃었습니다. 이카로스에게 '날개'라는 성공이 없었
다면 그가 죽음을 맞을 이유도 없었던 거죠.

비즈니스 세계에서는 이처럼 한때의 성공에 도취되어 같은 방식을
고집하다가 몰락의 길을 걷는 사례가 수없이 많습니다. '실패는 성공의
어머니'라는 격언이 있는 반면 글로벌 비즈니스 세계에서는 '성공이 실
패의 씨앗이 된다'는 말이 있어요. 이를 저는 글로벌 패러독스^{global paradox}
라고 부릅니다.

리더는 변신의 귀재가 되어야 합니다. 문화와 환경이 달라지면 거기
에 따라 리더십 스타일을 바꿀 줄 알아야 하거든요. 어느 리더가 훌륭
한 성과를 내고 성공했다면 그것은 리더의 능력이 어떤 상황과 맞아떨
어졌기 때문입니다. 제조업 분야에서는 효과적이었던 리더십 스타일이

서비스업에서는 약점이 될 수 있듯, 한국에서는 효과적이었던 리더십 스타일이 다른 문화권에서는 약점이 될 수도 있습니다.

우리나라 사람은 문화적인 동질감을 중요하게 여기는 집단주의 가치 관을 가지고 있습니다. 하지만 북아메리카나 유럽 사람들은 다양성에 바탕을 둔 개인주의를 중시해요. 이러한 가치관의 차이를 무시한 채 한 국에서 효과적이었던 리더십 스타일을 북아메리카나 유럽에서 그대로 고수하면 한국에서와 같은 효과를 내지 못하는 것은 물론이고 갈등과 저항을 일으킬 수 있습니다.

우리나라 기업에서 해외에 파견하는 사람들은 국내에서 자신의 능력 을 증명한 사람들입니다. 그렇기 때문에 더 큰 책임과 권한을 부여받아 글로벌 환경으로 간 것이죠. 하지만 이런 사람들이 해외에 나가서 큰 성 과를 거두지 못하거나 실패하는 경우가 비일비재합니다. 이러한 현상 이 일어나는 이유 가운데 하나가 바로 글로벌 패러독스, 국내에서 성공 을 경험했기 때문입니다.

해외에 파견된 우리 기업의 직원들은 국내 환경에서 자신에게 성공 을 가져다주었던 한국식 성공 모델을 고집합니다. 만약 현지의 문화와 사람들이 우리나라와 크게 다르지 않다면 한국식 모델을 그대로 적용 해도 성공할 수 있을 거예요. 하지만 우리와는 문화가 다른 곳에서 한 국식 경영 방식과 한국형 리더십 스타일을 적용하면 그곳 문화와 충돌 을 일으키고 현지인들과의 갈등이 커지거나 그들을 능률적으로 일할 수

| 1888년에 설립된 코닥은 한때 카메라와 필름의 대명사였다. 디지털 카메라 시대의 흐름을 제대로 읽지 못해 파산 신청까지 했지만, 2013년부터 인쇄 기술과 그래픽 분야의 솔루션을 제공하는 서비스 업체로 거듭나면서 새로운 길을 걷고 있다.

없게 만들어 버립니다. 즉 한국에서는 성공의 원인이 되었던 요인들이 글로벌 환경에서는 실패의 원인이 되고 마는 거예요.

시대의 흐름을 간파하지 못하고 도태된 기업이 많습니다. 한때 세계 가전제품 시장을 호령했던 일본 기업 샤프Sharp는 소비자의 기호 변화를 무시한 채 자기네의 기술력만 믿고 변화를 거부하다가 실적이 추락했고, 결국 대만의 폭스콘에 인수되었습니다. 미국의 세계적인 필름 제조 회사인 코닥Kodak은 세상이 디지털 카메라 시대로 옮겨 가는데도 여전히 아날로그 카메라와 필름을 고수하다가 파산 신청까지 해야 했어요. 이처럼 변화를 무시하고 거부하면 기업은 생존할 수 없습니다. 그런데 글로벌 환경에 도전한다는 것은 다가오는 변화에 대응하는 것일 뿐 아니라 스스로 변화 속으로 뛰어드는 일입니다. 그런데도 이전의 방식을 고수한다면 그 결과는 불을 보듯 빤한 거예요.

그렇다면 글로벌 환경의 변화를 감지하고 문화의 미묘한 차이를 읽어 내며 이 세상의 다양성을 긍정적인 요소로 활용하는 일을 누가 할 수 있을까요? 누가 해야 할까요? 지금 이 책을 읽고 있는 여러분입니다. 앞으로 글로벌 인재가 되고 글로벌 리더로 성장할 여러분이 바로

그 주인공입니다.

　우리나라가 세계화를 향한 올바른 길을 가기 위해서 가장 중요한 것이 사람입니다. 기업과 기업이 만나고 정부와 정부가 만날 때에도 실제로는 사람과 사람이 만나 일을 진행하게 됩니다. 글로벌 환경에서 발생할 수 있는 여러 가지 갈등과 복잡한 문제를 해결하기 위해 도움을 구하고 해결 방법을 찾는 것 역시 사람의 능력에 달린 것입니다. 때문에 진정한 의미의 글로벌 역량을 갖춘 인재를 확보하지 못한 세계화는 공허한 메아리에 불과합니다. 하지만 현재까지도 우리나라는 글로벌 인재가 턱없이 부족한 상태입니다. 이 빈 자리를 이 책을 읽고 있는 여러분이 채워야 합니다.

지금까지 저는 글로벌 리더가 갖추어야 할 능력과 소양 몇 가지를 이야기했습니다. 한번 정리해 볼까요?

첫 번째는 외국어 능력입니다. 외국인과 소통하기 위해서 외국어 능력은 필수적으로 갖추어야 할 요소입니다. 제가 앞서 우리나라의 영어 교육에 대해서 비판적으로 이야기했는데, 그것은 외국어 공부를 소홀히 해도 된다는 뜻이 아니라, 우리나라 영어 교육에 깔려 있는 그릇된 인식과 글로벌 인재를 양성하는 교육이 영어 교육에만 편중되어 있는 사실을 꼬집은 것이지 영어 공부 자체를 낮잡은 것은 아닙니다.

글로벌 리더라면 외국어 능력에 덧붙여 무엇을 가져야 하지요? 바로 리더십입니다. 저는 글로벌 리더의 두 번째 소양인 리더십을 '인성'이라는 말로 바꾸어 적용해도 크게 어긋나지 않는다고 생각합니다. 타인을 이끌고, 나와 다른 누군가를 인정하고, 어떤 사람을 있는 그대로 보아주며, 타인이 좋은 성과를 내도록 돕는 것은 리더십 이전에 인성이 바탕이 되어야 하는 문제니까요.

그리고 세 번째가 문화의 다양성을 이해하고 거기에 맞추어서 적응하는 능력을 갖추는 것입니다. 이를 최근에는 '문화지능지수CQ, cultural intelligence quotient'라고 표현합니다. 지적 능력을 나타내는 지능지수IQ, 공감 능력을 말하는 감성지능지수EQ처럼 문화 적응력 역시 중요한 요소로 부각되고 있는 것이지요. CQ는 내가 속해 있던 것과는 다른 문화권의 풍습과 전통, 사람을 인정하고 받아들이는 한편 나 자신이 거기에 적응하는 능력을 포함합니다.

사실 해외로 파견된 인력 대부분이 이 부분에서 좌절합니다. 이문화에 적응하는 문제는 문화와 문화의 충돌을 극복하는 동시에 개인의 내면에서 일어나는 갈등을 이겨 내는 것이기도 합니다. 아주 중요한 문제이기 때문에 다음 스테이지에서 더욱 깊이 다룰 거예요.

다음 스테이지에서 다른 문화권에 속하면서 맞이할 충격과 그에 대한 해법을 알아보기 전에 한 가지 재미있는 이야기로 이번 스테이지를 마무리하겠습니다. 그 나라가 가진 문화적 특성과 전통이 어떻게 글로벌 환경에서 힘을 발휘할 수 있는지 보여 주는 중요한 사례이거든요. '1+1=3'이 되는 이문화 시너지를 살펴보기 위해 잠시 홍콩으로 가 볼까요.

리펄스 베이 호텔의
용이 드나드는 길

    홍콩은 중국의 남쪽 끄트머리에 있는 국제도시입니다. 한때 영국의 식민지였기 때문에 중국 본토와는 달리 일찌감치 서양 문물을 받아들였어요. 현재 인구의 92%가 중국인이지만, 국제 무역이 활발해서 외국계 무역 회사와 투자 회사가 많이 들어서 있고, 상주하는 외국인도 상당히 많습니다. 그만큼 글로벌 환경이 발달해 있죠.

    홍콩의 해변 중 하나인 리펄스만은 이름난 휴양지입니다. 이곳에 자리 잡은 리펄스 베이 호텔Repulse Bay Hotel은 산을 배경으로 탁 트인 바다의 전경이 한눈에 들어오는 최고급 호텔입니다. 홍콩을 방문하는 여행객들은 누구나 한 번쯤 이 호텔에 머무르기를 희망합니다. 하지만 그게 쉽지 않습니다. 항상 객실이 꽉 차 있어서 몇 달 전에 예약을 하지 않으면

방을 구할 수가 없기 때문입니다.

리펄스 베이 호텔이 이처럼 호황을 누리는 이유가 뭘까요? 훌륭한 시설 때문일까요? 물론 그렇습니다. 바다를 한눈에 바라볼 수 있는 전망 때문일까요? 네, 그것도 맞습니다. 하지만 시설이 훌륭하고 전망 좋은 곳에 위치한 호텔이 홍콩에 리펄스 베이 호텔 하나만 있는 것은 아닙니다. 홍콩은 관광 산업이 발달했기 때문에 곳곳에 훌륭한 호텔이 많습니다. 그런데도 유독 리펄스 베이 호텔이 인기를 누리는 이유가 뭘까요? 그것은 이 호텔만의 특별한 '무엇'이 있기 때문입니다.

리펄스 베이 호텔을 처음 본 사람들은 누구나 의아하게 여기는 것이 한 가지 있습니다. 호텔 건물의 한가운데가 뻥 뚫려 있거든요. 가로 4층, 세로 9층 크기의 거대한 구멍을 만들어 놓은 거예요.

당연한 말이지만 호텔은 객실을 빌려주고 받는 숙박료가 주된 수입원입니다. 특히 리펄스 베이 호텔처럼 전망이 좋은 호텔의 객실은 가격을 비싸게 책정할 수 있습니다. 때문에 객실을 많이 만들수록 호텔의 수입도 늘어나죠. 그런데 리펄스 베이 호텔은 건물 한가운데의 객실 36개를 포기하면서 구멍을 뚫어 놓았습니다. 왜 이런 일을 했을까요?

첫 번째로 생각할 수 있는 것은 호텔 건물을 독특하게 만들어서 시선을 끌려는 의도로 해석할 수 있습니다. 정육면체 모양의 일반적인 건물 형태에서 탈피한 디자인을 도입한 거예요. 요즘에는 개성을 중시하기 때문에 일리가 있는 추측입니다.

| 가운데 구멍이 뚫려 있는 홍콩 리펄스 베이 호텔 ⓒ maodoltee

두 번째는 그 구멍을 바람구멍으로 보는 것입니다. 바닷가에 위치한 만큼 호텔이 서 있는 지역에 바람이 거셀 겁니다. 그래서 바람에 건물이 손상을 입는 위험을 막기 위해 일부러 가운데에 구멍을 뚫어 놓은 것입니다. 이 역시 충분히 납득할 수 있는 추측입니다.

하지만 이 호텔을 지은 홍콩 사람들의 생각은 다릅니다. 결론부터 말하자면, '용龍' 때문입니다.

'용 때문이라고요? 여의주를 물고 하늘을 날아다니는 그 용?'

여러분의 의아함이 제 귀에 들리는 듯하네요. 네, 맞습니다. 신화와 전설 속에 등장하는 바로 그 용입니다. 21세기에 용이라니, 괴상하게 들릴 만도 합니다.

홍콩 사람들은 집이나 건물을 지을 때 풍수風水를 중요하게 여깁니다. 풍수란 어떤 땅을 쓸 때 그 땅의 지세나 기운을 감지하여 앞으로 길할지 흉할지를 예측해 보는 것입니다. 우리나라 사람들도 풍수를 고려해서 땅을 씁니다. 조상의 묘를 쓰거나 집을 지을 때 지관을 불러서 위치와 방향을 알아보는 풍습이 우리에게도 아직 남아 있습니다.

그런데 홍콩 사람들은 우리보다 풍수를 조금 더 따지나 봅니다. 리펄스 베이 호텔을 지을 때도 풍수 전문가에게 의뢰하여 위치를 선택했습니다. 그리고 풍수 전문가가 호텔을 지을 최적의 장소로 찍어 준 곳이 지금의 리펄스 베이 호텔이 서 있는 그곳이었습니다. 단지 전망이 좋아서가 아니었습니다. 바다 뒤편에 자리 잡은 산이 용이 사는 특급 길지吉地였기 때문이었습니다. 홍콩 사람들은 용이 사는 곳에 건물을 지으면 큰 복을 받아서 사업이 크게 번창할 것이라는 믿음을 갖고 있습니다.

그런데 한 가지 문제가 있습니다. 호텔 뒤편의 산에 사는 용은 산에만 머무는 것이 아니라 바다에도 나간다는 점입니다. 홍콩 사람들은 용이 산과 바다를 오갈 때 '용의 길'로 다닌다고 믿고 있습니다. 그런데 그곳에 호텔을 지으면 용의 길이 가로막힙니다. 용은 자신 앞을 무언가가 가로막는다고 해서 피해 다니지 않습니다. 때문에 산에 있던 용이 바다로 나가려다가 호텔에 부딪치면 크게 화를 낼 것입니다. 그렇게 되면 용은 건물을 지은 사람에게 저주를 내릴지도 모릅니다.

리펄스 베이 호텔의 주인은 엄청난 고민을 했을 겁니다. 그러던 중 누군가가 호텔 한가운데에 용이 지나다닐 수 있는 통로를 만들어 주자고 제안했습니다. 좋은 생각이었습니다. 그런데 구멍의 크기를 어느 정도로 하는 것이 좋을까? 호텔의 주인은 너무 많은 객실을 용에게 내줄 수 없어서 또 고민을 했습니다. 그래서 객실 한두 개를 포기하는 정도의 통로를 생각했습니다. 그러자 용이 지나다니는 길을 만들어 주자고 제안했던 사람이 소리쳤습니다. "지금 용을 무시하는 겁니까? 적어도 가로세로 6칸씩, 36칸 정도는 만들어야 합니다!"

이런 상황을 상상해 봅시다. 리펄스 베이 호텔의 주인은 길지에 땅을 구했고, 용의 길에 대한 해결책도 마련했습니다. 그런데 호텔 건물을 지을 돈이 부족합니다. 그래서 한국이나 서양의 투자 회사를 찾아갔습니다. 만약 여러분이 한국 투자 회사의 임원이라고 가정해 봅시다. 여러분은 호텔 주인의 설명을 들으면서 고개를 끄덕입니다. '음, 관광객이 많이 찾는 홍콩이고 게다가 전망도 좋으니까 투자를 해도 손해는 안 보겠어.' 어느 정도 투자하는 쪽으로 마음이 기울었는데, 호텔 주인이 끝에 이렇게 덧붙입니다.

"그런데 용이 지나다니는 길을 만들어 주기 위해 호텔의 한가운데 36칸을 포기하고 구멍을 뚫어야 합니다."

이 말을 들을 때 여러분은 어떤 반응을 보일까요? 서양의 투자 회사직원은 어떤 생각을 할까요? 용 어쩌고저쩌고 하는 호텔 주인의 말을 미신이라고 무시할까요? 아니면 홍콩 사람들의 믿음과 풍습을 이해하고 받아들일까요? 아무래도 투자의 손실을 불러올 수 있는 후자의 선택을 하기가 쉽지 않을 것입니다. 하지만 만약 여러분이 한국 사람이면서도 홍콩 사람들의 풍수에 관한 믿음과 풍습을 깊이 이해하고 있다면 어떨까요?

우리는 이미 리펄스 베이 호텔 이야기의 결론이 어떤지 잘 알고 있습니다. 이 호텔은 용이 지나다니는 '용의 구멍Dragon' Hole'으로 인해 유명세를 타면서 큰 성공을 거두었습니다. 홍콩 사람들은 그 용의 구멍을 보면서 호텔 뒤쪽의 산에 살고 있다는 용의 존재를 추상적이 아니라 실체적으로 느낄 수 있습니다. 외국 관광객들은 그들대로 홍콩의 신화와 전설을 체험하는 시간을 누리는 특이한 경험을 할 수 있다는 이유로 이 호텔을 찾습니다. 결국 상식적인 눈으로 판단할 때는 36개의 객실을 포기하는 것이 손실로 다가오지만, 깊이 있는 문화의 눈으로 바라볼 때는 그 속에서 새로운 가능성을 발견할 수 있는 것입니다.

그리고 참고로 한 가지 더. 리펄스 베이 호텔의 뒤에 있는 산에는 실제로 용이 살았다고 합니다. 여러분도 다 아는 중국의 무술 영화배우 성룡成龍의 저택이 그곳에 있었다고 하네요.

내가 알고 있는 지식과 상식의 틀에서만 생각하면 더 넓은 세계를 볼 수 없습니다. 글로벌 리더는 지금까지 내가 속해 있던 문화의 틀이 아니라 세계의 틀에서 사고합니다. 그래서 생각이 유연하고 창의적입니다. 그것은 각 문화의 차이를 벽으로 인식하지 않고 새로운 것을 만들어 내는 기회라고 여기기 때문입니다. 이것이 글로벌 리더의 참다운 모습입니다.

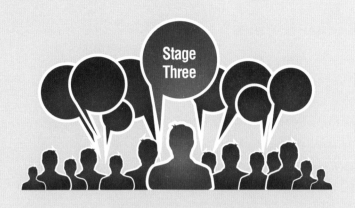

리더십의 시작은
의사소통에서부터

· · ·

글로벌 환경에서의 의사소통

이번 스테이지에서 만나게 될 내용 ────────────────

- 고맥락 문화와 저맥락 문화에 대해서 알아봅시다.
- 각 나라와 문화권에 따라 마음을 표현하고 대화를 하는 방식이 다른 것에 대해서 생각해 봅시다.
- 외국어 구사 능력을 통해 사람의 지적 능력을 평가한다면 어떤 오류가 생길까요?
- 어떤 나라와 문화에 대한 선입견을 갖고서 거기에 속한 사람을 판단하는 스테레오 타입에 대해서 살펴봅시다.
- 글로벌 환경에서 언어가 통하는 사람하고만 소통할 경우 어떤 문제가 발생할까요?

미국인 학생과 일본인 학생은
왜 서로를 헐뜯었을까?

미국의 미시건 대학교에서 글로벌 인재들을 교육시키기 위한 프로그램을 진행했습니다. 그 과정에서 2개 이상의 민족으로 구성된 다문화 팀을 만든 뒤 공동 프로젝트를 주었습니다. 서로 다른 민족끼리 문화 차이를 극복하고 협력하는 경험을 하기 위한 목적이었는데, 유독 일본인과 미국인이 섞인 팀에서 불협화음이 튀어나왔습니다.

팀 프로젝트가 끝난 뒤에도 일본인 학생과 미국인 학생은 서로를 비난했습니다. 프로젝트를 제대로 진행하지 못한 원인을 상대방에게 돌린 거죠. 먼저 일본인 학생의 불만을 들어 볼까요?

"우리 일본 사람들은 한 가지를 이야기해 주면 열 가지를 알아들어요. 그런데 미국 사람들은 열 가지를 얘기해 주어야 겨우 한 가지를 알아들잖아요!"

이번에는 미국인 학생 차례입니다.

"일본 사람들은 자신의 뜻을 분명하게 표현하지 않고 무언가를 감추려고 하며 솔직하지도 않습니다."

왜 일본인 학생과 미국인 학생은 서로를 헐뜯은 걸까요?

일본 사람은 자신의 뜻을 표현할 때 간접적이고 함축적인 방식으로 의사소통을 합니다. 반면에 미국 사람은 직설적이고 구체적으로 소통하려고 하지요. 하나의 예를 들어 볼까요? 남자가 여자를 좋아할 때, 미국 사람들은 그냥 대놓고 "너를 좋아해."라고 말합니다. 상대방이 자신이 품고 있는 호감을 충분히 알 수 있도록 표현하죠. 그런데 동양 사람들은 말을 빙빙 돌려요. "같이 영화 보러 갈래요?" 한국에서는 남자가 여자한테 영화 보러 가자고 하면 그건 호감을 표시한 거예요. 여자가 좋다고 하면 둘이 사귀는 거죠. 그런데 한국 남자가 미국 여자에게 호감이 있어서 똑같이 말했다고 쳐요. "같이 영화 보러 갈래요?" 여자가 좋다고 해서 같이 영화를 보고 나면 한국 남자는 이제 둘이 연인 관계가 되었다고 여깁니다. 그런데 미국 여자 입장에서는 그냥 같이 영화를 본 것뿐일 수도 있어요. 여기서 오해가 생깁니다. 한국 남자는 같이 영화를 본 미국 여자가 자기 여자 친구라도 된 것처럼 행동해요. 그 미국 여자가 진짜 그 한국 남자에게 호감이 있었다면 다행이지만, 그게 아니라면 문제가 될 수도 있어요. 왜냐하면 미국 여자는 "너를 좋아해."라는 말을 들은 것이 아니라 같이 영화를 보러 가자고 해서 간 것뿐이거든요. 이처럼 미국 사람은 직설적으로 의사소통을 하기 때문에 "같이 영화 보러 갈래요?"라는 말 속에 숨겨진 남자의 마음까지 읽지는 못합니다.

　우리나라 사람은 의사를 드러낼 때 반대로 표현하거나 상대방에게 바통을 넘기는 경우가 많아요. 여자 친구 입에서 "내가 왜 서운한지 몰라?"라는 말이 나오면 남자 친구는 아주 환장하지요. 또 아주 극소량의 정보를 주면서 상대방이 충분히 알아듣기를 바라기도 해요. 요즘에는 우리나라 사람들도 의식이 서구화되고 있기 때문에 상대방의 말을 비약적으로 해석하거나 나의 표현 속에 담긴 속뜻을 상대방이 어련히 알아들었거니 지레짐작해서는 곤란한 상황에 처할 수 있습니다.

　같은 팀에 속했던 일본인 학생과 미국인 학생의 갈등은 상대방이 속

개와 고양이가 다투는 것은 소통 방식이 다르기 때문이다. 개는 고양이가 반가워서 꼬리를 들고 다가가지만, 고양이에게 꼬리를 세우는 것은 반감의 표시가 된다.

해 있는 문화에 대한 이해가 부족해서 발생한 것이었어요. 한 가지 표현 속에 많은 것이 함축되어 있는 소통 환경을 '고맥락고밀도 문화'라고 부르고, 표현과 의미가 거의 일대일을 이루는 소통 환경을 '저맥락저밀도 문화'라고 부릅니다. '고高'를 썼다고 해서 뛰어난 것이 아니고 '저低'를 썼다고 해서 낮은 것이 아니에요. 단지 표현과 의미의 함축성, 상황과의 관계성 정도를 이렇게 표현한 것뿐입니다.

고맥락 문화의 구성원들은 의사소통을 할 때 그 문화권에 오랫동안 축적된 보편적인 경험에 의존하는 정도가 큽니다. 그래서 이런 상황에서 이렇게 말하면 상대방이 어련히 알아듣겠거니 여깁니다. 저맥락 문화에 속한 사람들은 상황과 맥락에 의존하는 정도가 낮기 때문에 자신의 뜻을 전달할 때 분명하고 구체적으로 표현합니다.

우리나라 말 가운데 고맥락 문화의 정점에 있는 단어가 있어요. 전라도에서 흔히 쓰는 '거시기'입니다. "너 참 거시기하다."라고 말하면 칭찬일 수도 있고 욕일 수도 있어요. 게다가 아주 길게 설명해야 할 사항을 "거시기하죠잉."이라는 짧은 문장으로 끝내 버립니다. 놀라운 사실은 그걸 듣는 사람이 또 제대로 알아듣는다는 거예요.

저맥락 문화에서는 표현 속에 뜻이 거의 다 들어 있기 때문에 직설적이고 구체적입니다. 의사소통 패턴을 선으로 그리면 일직선이라고 할수 있어요. 반면에 고맥락 문화는 언어뿐만 아니라 그 언어가 전달되는 상황까지 녹여서 함께 해석해야 합니다. 같은 표현이라도 상황에 따라

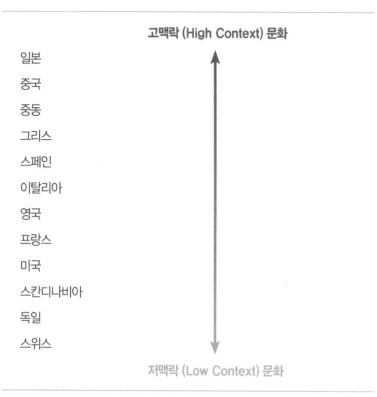

고맥락 (High Context) 문화

일본

중국

중동

그리스

스페인

이탈리아

영국

프랑스

미국

스칸디나비아

독일

스위스

저맥락 (Low Context) 문화

| 저맥락 문화 국가와 고맥락 문화 국가

의미가 달라져요. 예를 들어 고려해 보겠다는 말은 경우에 따라서 정말로 고려해 보겠다는 긍정적 표현이기도 하지만, 거절의 완곡한 표현이기도 합니다.

고맥락 문화에서는 애매모호한 표현이 많습니다. 말하는 능력보다는 듣는 능력이 중시되는 것도 이 때문입니다. 상황을 고려하여 말하는 사람의 의도가 무엇인지 잘 파악하는 능력이 중요한 사회적 기술이 됩니

| 나라와 문화권에 따라 의사를 표현하는 방식이 달라진다. 고맥락 문화에 속하는 우리나라 사람이 글로벌 환경에서 제대로 의사소통을 하기 위해서는 저맥락 문화권의 소통 방식을 따를 필요가 있다.

다. 이런 능력을 '눈치'라고 하죠. 윗사람이 애매하게 표현해도 아랫사람은 윗사람의 마음을 정확히 읽어 내야 합니다. 그래서 문제가 생기기도 해요. 공직 사회에서 비리나 부정이 발생하면 대부분 실무자 선에서 처벌이 이루어집니다. 왜냐하면 고위 관료는 그런 지시를 내린 적이 없다고 발뺌하니까요. 실제로 그럴 겁니다. 비리나 부정과 관련해서 윗사람들은 입도 뻥끗하지 않았을 가능성이 커요. 아랫사람들이 윗사람의 의중을 파악해서 행동으로 옮긴 겁니다. 고위 공직자들이 부정을 저지르면서 아랫사람에게 일을 시킬 때는 고맥락 문화에 기대고 발뺌할 때는 저맥락 문화에 기대는 것이라 할 수 있죠.

우리나라 사람은 고맥락 문화의 환경 속에서 의사를 전달하는 데 익숙합니다. 그런 한국인이 글로벌 환경에서는 어떻게 의사소통을 해야 할까요? 의사 표현에 있어 저맥락 문화에 속해 있는 사람이 고맥락 문화권의 표현 방식을 이해하기란 거의 불가능합니다. 상황과 표현을 버무려서 말하는 사람의 진의를 파악한다는 것은 단기간에 학습할 수 있는 것이 아니기 때문입니다. 따라서 글로벌 환경에서는 완곡하게 에둘러서 표현하는 것을 삼가야 합니다. 내 생각을 전달할 때는 정확하게 표현하고 거절할 때는 단호해야 합니다. 냉정한 사람이라는 인상을 주는 것이 두렵다고 해서 오해를 살 필요는 없으니까요.

숨겨진 속마음과
언어 밖의 표현

　우리나라에 진출한 다국적 기업의 자회사에 외국인 CEO가 부임했습니다. 그는 여직원들이 유니폼을 입고 일하는 것이 의아했습니다. 한창 멋을 부리고 싶어 할 젊은 여성들이 자신의 개성을 드러낼 수 없는 똑같은 모양의 옷을 입는 것을 좋아할까 하는 의구심이 들었죠. 그래서 그는 여직원들이 사복을 입도록 하는 것이 어떻겠느냐고 한국 임원진에게 물었습니다. 그런데 한국 임원진에게서 돌아온 대답은 "우리나라 여직원들은 유니폼 입는 것을 더 좋아합니다."였습니다.

　무언가 석연치 않던 외국인 CEO는 사원들과 만난 자리에서 이야기를 나누던 중 여직원들의 유니폼 문제를 다시 꺼냈습니다. 여직원들에게 직접 묻기로 한 것이죠. 하지만 그의 기대와는 달리 여직원들

중 어느 누구도 일할 때 사복을 입는 것이 더 좋다고 말하지 않았습니다. 아무래도 여직원들이 솔직하게 이야기를 하지 못하는 것 같아 무기명으로 설문을 돌렸습니다. 그런데 설문 결과도 마찬가지였습니다. 대다수의 여직원이 유니폼 입는 것이 좋다고 답한 것이었습니다. 외국인 CEO는 이럴 수도 있구나 생각하고 더 이상 유니폼 문제를 거론하지 않았습니다.

그러던 중 회사에 새로운 여사원이 들어왔습니다. 성격이 당찬 그녀는 사복을 입고 일하고 싶다고 건의했습니다. 건의를 접한 CEO는 유니폼을 입어야 한다는 사규가 따로 있는 것이 아니기 때문에 원하는 대로 하라고 했습니다. 유니폼을 입고 있는 선배 여사원들 사이에서 홀로 사복을 입고 일하는 신입 여사원의 모습이 참 이채로웠죠. 오래지 않아 신입 여사원이 또 들어왔습니다. 그런데 그녀도 일할 때 사복을 입겠다고 했습니다. 이번에도 CEO는 받아들였습니다. 그리고 얼마 지난 뒤 월례회의가 열렸습니다. 여직원 대표가 조심스럽게 말했습니다.

"정말로 사복을 입고 일해도 되나요?"

CEO는 당연히 그래도 된다고 답했습니다. 그때부터 여직원들은 하나둘 사복을 입기 시작하더니 오래지 않아 모든 여직원이 사복을 입고 일하게 되었습니다.

외국인 CEO는 그런 일이 처음이었습니다. 여러 번 물어보았고 설문까지 돌렸는데도 여직원들은 본심을 드러내지 않았던 거예요. 그녀들은 속마음을 숨긴 채 경영진이 듣고 싶어 하는 대답을 했던 것입니다. 여직원들은 여직원들대로 새로 부임한 CEO의 본심을 파악하느라 연막을 친 것이었지요. 어쨌든 서로의 본심을 확인하는 데 여러 달이 걸린 셈입니다.

이 사례는 '대한민국'이라는 글로벌 환경에 들어선 외국인 글로벌 리더의 입장을 다룬 것입니다. 입장을 바꾸어서 여러분이 이 CEO라면 어땠을지 한번 생각해 보시기 바랍니다. 그는 제복 문화가 직원들의 자율성을 해칠 것이라 판단하고 이를 폐지하려 했지만, 저항에 부딪혔습니다. 그 저항이란 획일화된 조직의 모습에 익숙한 한국인 임직원들의 오래 묵은 관념과 회사에서 원하니 따라가겠다는 여직원들의 집단주의였습니다. 집단주의에 함몰되면 개인의 행복과 이익보다는 조직의 이익을 우선순위에 두게 되고 윗사람의 눈치를 살피게 됩니다. 이 회사의 여직원들이 사복을 입고 싶은 욕망을 억누르고 솔직하지 못했던 것도 그 때문이었죠.

외국인 CEO는 임원진과 여직원들의 반응이 의아했지만, 당장은 그들의 뜻을 존중해 주었습니다. 자신의 방식을 밀어붙이지 않았어요. 옳지 않다고 여겼지만 한국만의 '문화'가 있을 거라 생각하고 일단은 물러섰습니다. 하지만 오래 기다릴 필요가 없었습니다. 작은 곳에서 변화가 시작되었고, 그는 그 흐름을 뒤에서 지지했습니다. 그리고 드디어 유니폼은 폐지되었죠.

훗날 여러분이 글로벌 리더가 되었을 때 비슷한 입장에 처할지도 모릅니다. 그때 이 외국인 CEO의 사례를 떠올려 보세요. '존중하면서 변화를 만들어 낸다.' 이것이 이 외국인 CEO의 모토였을 겁니다. 그 나라와 그 지역의 문화적 특색에 따라 개인의 의사소통 방식뿐만 아니라 집단의 표현 방식도 다를 수 있다는 사실을 그는 알고 있었던 거죠.

그리고 의사소통은 반드시 언어를 통해서만 하는 것이 아닙니다. 사람들은 자신도 모르는 사이에 손짓, 표정, 눈 맞추기(또는 피하기) 등의 '보디랭귀지body language'를 통해 뜻을 전달하고 있습니다. 특히 언어적 제약이 많은 이문화 환경에서는 비언어적 표현의 중요성이 더욱 높아집니다.

나라마다 언어가 다르듯 비언어적 표현도 문화에 따라 차이가 있습니다. 우리나라 표현에 '급하면 통한다.'는 말이 있듯 언어가 전혀 통하지 않는 나라에서는 보디랭귀지를 통해 기본적인 의사를 나누기도 합니다. 그런데 문화 차이로 인해 보디랭귀지가 오해의 원인이 되기요 해요. 아름다운 여자를 보았을 때 남자들이 어떻게 반응하는지 나라별로 살펴볼까요?

미국 남자들은 눈썹을 위로 올립니다. 이탈리아 남자들은 두 번째 손가락을 뺨에 대고 휘파람을 불어요. 아주 노골적이죠. 그리스 남자들은 손으로 뺨을 쓸어내립니다. 브라질 남자들은 눈에 망원경을 대는 시늉을 합니다. 이것도 꽤 노골적이네요. 프랑스 남자들은 손가락 끝에 키스를 합니다. 중동 남자들은 자기 수염을 잡죠. 우리나라 남자는요? 힐

끔힐끔 훔쳐봅니다.

인사법도 다릅니다. 우리나라와 일본은 고개나 허리를 숙여 보입니다. 인도에서는 두 손을 합장하면서 "나마스테^{Namasite}."라고 인사말을 전합니다. 남미에서는 포옹을 해요. 아랍 문화권에서는 동성끼리도 뺨에 뽀뽀를 하죠. 우리에게는 익숙하지 않은 인사법이지만, 다른 나라 사람에게 좋은 첫인상을 주려면 그 나라의 인사법을 알아 두는 것이 좋습니다.

이야기를 나눌 때 눈을 맞추는 것도 중요합니다. 서양에서는 서로의 눈을 똑바로 쳐다보고 이야기하는 것에서 진솔함을 느낍니다. 그래서 눈을 피하면 무언가 숨기는 것이 있다고 여깁니다. 우리나라 사람 중에는 상대방의 눈을 똑바로 쳐다보고 이야기하는 것을 무례한 행동으로 여기는 이가 많습니다. 특히 윗사람과 대화할 때는 더욱 그렇죠.

이야기를 나눌 때 상대방과 나의 거리를 어느 정도로 해야 하는지에 대해서도 문화마다 다릅니다. 일반적으로 사람들은 마치 자기 허리에 풍선을 달고 있다고 가상하고 자신의 풍선과 상대방의 풍선이 닿을락 말락 하는 정도의 거리에서 안정감을 느낍니다. 이를 '개인적인 공간^{personal bubble 또는 personal space}'이라고 합니다. 그런데 사람마다 문화마다 그리고 관계에 따라 풍선의 크기가 달라져요. 개인적 공간의 크기를 달리함

| 서양 사람들은 눈을 똑바로 쳐다보면서 대화를 나눌 때 상대방에게서 진솔함을 느낀다.

으로써 상대방에게 무언의 메시지를 전달하는 셈이지요. 연인 사이라면? 아예 풍선이 없겠죠.

서양 사람들에게는 '서서 오른손을 쭉 뻗어 엄지를 세우면 그 엄지가 상대방의 왼쪽 귀에 들어갈 정도'가 적당한 거리입니다. 우리나라와 일본 사람은 그보다 좀 더 멉니다. 남아메리카에서는 훨씬 가까워집니다. 이야기하면서 상대방의 몸을 만지기도 해요. 스킨십에 거리낌이 없는 거죠. 그래서 우리나라 사람과 남미 사람이 이야기하는 걸 지켜보고 있으면 우스꽝스럽기도 합니다. 남미 사람은 자꾸 다가가고 우

리나라 사람은 불편해서 자꾸 뒷걸음질하는 거예요. 그런데 이런 일이 반복되다 보면 남미 사람은 상대방이 자신을 싫어한다고 느낄 수 있어요. 남미 사람이 무슨 엉큼한 마음을 먹고 그런 행동을 하는 것은 아니니 너무 불편해 하지 마세요.

시간관념도 문화마다 다르답니다. 대체로 서양 사람들은 '시간은 돈이다.'라는 격언이 말해 주듯 시간 약속에 무척 민감합니다. 약속 시간에 상대방이 늦게 나타나면 마치 자신의 재산을 빼앗긴 듯 생각해요. 그런데 남아메리카 쪽에서는 30분, 1시간 늦는 것이 예사입니다.

한때 '코리언타임'이라는 말이 널리 퍼졌어요. 약속 시간을 잘 안 지키는 우리나라 사람의 습성을 비꼰 말입니다. 그런데 정말 그런가요? 글로벌 환경에서 살아가는 제가 보기에 우리나라 사람은 시간 약속에 철저합니다. 대다수의 외국인들이 한국인을 평가할 때 첫손에 꼽는 것이 근면함과 성실함, 시간관념입니다. 이러한 우리 근로자들의 정확성을 바탕으로 우리는 해외에서 신뢰를 쌓았고, 짧은 시간에 발전을 이룰 수 있었던 거예요. 그러니 별 의미도 없는 '코리언타임' 운운하면서 우리 자신을 비하하지도 말고, 우리는 으레 그러려니 하면서 시간관념이 느슨한 것에 핑계를 대지도 말아야 합니다. 그리고 글로벌 환경에서는 상대방이 늦을 것 같더라도 나만큼은 시간 약속을 잘 지켜야겠죠? 시간 관념이 약한 남아메리카 사람이라도 같이 오랫동안 함께하다 보면 결국에는 여러분에게 맞추게 될 겁니다.

외국어 능력과
지적 능력은 같지 않다

　우리나라의 지방 자치 단체들은 해외의 투자를 유치하기 위해 노력하고 있습니다. 그만큼 일자리가 부족하고 경제가 어렵다는 반증이겠죠. 지금도 그렇지만 2000년대 초에도 우리 정부는 외국 기업의 투자를 유치해서 일자리를 늘리기 위해 노력했어요. 그런데 그 무렵 우리나라를 찾아온 외국 기업으로부터 대규모 투자를 받을 수 있는 기회를 놓친 적이 있습니다.

　전 세계적으로 잘 알려진 미국의 한 화학 회사가 아시아로 진출하기 위해 투자 대상국을 놓고 우리나라와 말레이시아를 저울질했습니다. 경제 규모나 사업 관련 인프라 등 객관적인 지표에서 우리나라가 말레이시아를 앞섰어요. 하지만 그 화학 회사는 최종적으로 투자 대상국을 말레이시아로 결정했습니다. 당시 협상 과정을 취재했던 한 기자는 우리나라가 밀려난 중요한 이유 중 하나로 의사소통 문제를 지목했습니다.

그 화학 회사와의 협상 테이블에 앉은 이들은 우리나라 정부의 공무원들이었습니다. 그런데 담당 공무원들의 영어 실력이 그리 뛰어난 편이 아니었나 봐요. 한국 측 협상 담당자들이 미국 사람들이 뜻하는 바를 제대로 알아듣지 못할 때가 더러 있었는데, 그럴 때마다 이해하지 못한 부분을 다시 물어서 확인하지 않고 마치 알아들은 척하며 대충 넘어간 일이 여러 번 있었습니다. 미국 사람들로서는 그러한 한국 공무원들의 태도에서 정직하지 못하다는 인상을 받았고 신뢰하기 힘들다는 결론을 내렸던 것입니다.

미국 화학 회사와의 협상에 나섰던 우리나라 공무원들은 그들 나름대로 공무원 조직에서는 영어 능력이 뛰어나다는 평가를 받은 사람들이었을 거예요. 그러니 중요한 협상에 나선 것이겠죠. 하지만 '실전'은 달랐습니다. 사업과 관련하여 전문적인 내용을 가지고 소통할 때는 아무래도 이해가 되지 않는 부분이 있을 수 있어요. 이런 상황에서 우리나라 공무원들은 자신들의 영어 실력이 모자란 것에 대해 체면이 깎인다고 느꼈을 것이고 당황스러운 상황을 모면하기 위해 알아듣는 척 행동했을 거예요. 미국 사람들 눈에는 그러한 행동이 솔직하지 않게 비쳐졌고 결국 큰 투자를 유치할 수 있는 기회를 놓쳐 버리고 말았죠.

예전에 TV에서 본 장면입니다. 한 유명 배우가 잠시 연기 활동을 접고 미국으로 유학을 다녀왔어요. 유학을 마친 뒤 연기 활동을 시작하기 전에 여러 연예 프로그램에 출연해서 미국 생활에 대해 털어놓았죠. 그때 "미국 학생들과는 사이가 어땠나요?"라는 질문을 받을 때마다 이 배우는 이렇게 답했어요. "원만했습니다. 제가 과묵할 수밖에 없었으니까요."

우리나라 사람은 영어로 대화를 나눌 때 틀릴 것 같으면 아예 입을 닫아 버리거나 이야기할 기회를 피하는 경우가 많습니다. 완벽하게 영어를 구사해야 한다는 강박관념이 큰 것 같아요. 이는 자신의 영어 실력과 지적 능력을 동일시하기 때문입니다. 영어를 모국어로 사용하지 않는 한 영어권 국가의 사람들처럼 영어를 완벽하게 쓸 수는 없어요. 그건 지극히 당연한 일입니다. 그런데도 영어를 하다가 실수하면 상대방에게 얕보일 수 있다는 두려움이 우리의 말문을 닫아 버리는 거예요.

나의 영어 실력이 아직 부족하다면 어떻게 해야 할까요? 앞서 예를 든 한국인 공무원들처럼 알아들은 척 허세를 부리는 것이 나을까요, 아니면 정확하게 이해할 때까지 묻고 또 묻는 것이 나을까요? 그리고 영어를 잘 알아듣지 못해서 묻고 또 묻는 것에 대해 외국인들은 어떻게 여길까요?

미국으로 공부를 하러 간 한국인 대학원생이 유학 1년 만에 경영학원론 강의를 맡게 되었습니다. 그 학생은 자신의 영어가 유창하지 않다는 사실을 알기에 자신이 강의할 내용을 영어로 정리하고는 그것을 외워서 강의에 들어갔습니다. 그런데 강의를 하다 보면 여기저기서 질문이 들어오게 마련입니다. 미국인 학생들은 질문하는 걸 어려워하지 않기 때문에 질문이 많은 편이에요. 그리고 학생들이 질문을 할 때는 말을 빨리 하기도 하고 속어나 미국인의 일상생활에서 쓰는 표현을 쓰는 경우가 많아요. 첫 질문을 받았을 때 그는 순간적으로 고민을 했습니다. '교단에 선 선생이라는 사람이 질문조차 알아듣지 못하는데 학생들이 가르침을 받으려고 할까? 그냥 아는 척 어물쩍 넘어가?'

위기를 모면하고픈 마음에 잠시 그런 생각을 했지만, 그는 곧 마음을 고쳐먹었습니다. 그러고는 질문을 한 학생에게 질문을 반복해 달라고 요청했습니다. 그의 수업 시간에는 학생이 한 질문에 대해서 선생이 다시 질문을 하는 일이 흔한 장면이 되었습니다. 학생의 질문을 반복해서 들어도 이해되지 않으면 한국인 강사는 세 번, 네 번 다시 물었어요.

학기가 끝나고 수업에 대한 평가가 진행되었습니다. 평가 항목에 '강사가 의사소통을 효과적으로 하는가?'라는 질문이 있었습니다. 그 한국인 유학생은 적어도 그 항목에 대해서는 평가가 낮을 수밖에 없을 거라고 생각했습니다. 그런데 막상 평가가 끝나고 보니 다른 미국인 강사보다 의사소통 유효성 점수가 오히려 높게 나왔습니다. 학생들 입장에서는 시간이 많이 걸리긴 해도 질문에 대해서 여러 번 확인한 뒤 답을 해주는 것이 보다 효과적인 의사소통이라고 평가했던 것입니다.

외국어 실력이 완전하지 않은 상태에서 외국인과 의사소통을 할 때

| 우리나라 문화를 체험하고자 하는 외국인이 점점 늘어나고 있다. ⓒ Yeongsik Im

는 자신의 한계를 인정하고 그것을 솔직하게 드러내야 합니다. 상대방의 말을 이해하지 못한 상태에서 알아들은 척한다면 당장은 '외국어 능력이 뛰어난 사람'이라는 인상을 줄 수 있지만, 결국에는 오해가 쌓여 신뢰를 잃고 맙니다. 그리고 자신의 한계를 드러내야만 상대방인 외국인들도 보다 자세하고 친절하게 설명을 해 주지 않을까요?

앞서 이야기했듯, 외국어 능력이 그 사람의 지적 능력을 말해 주는 것은 아닙니다. 그러니 나의 외국어가 완전하지 않다고 해서 주눅이 들거나 자신감을 잃을 필요는 없어요. 외국어는 책을 통해서만 배우는 것이 아니고, 원어민 선생의 가르침을 받는다고 해서 완전히 해결할 수도 없어요. 두려워하지 말고 과감하게 부딪치며 실수를 반복하는 동안에 하나둘 실력이 쌓이는 것입니다.

우리나라에는 수많은 외국인이 살고 있습니다. 그들 중 대다수가 한국말이 서툽니다. 그런데 많은 한국인이 우리말이 서툰 외국인을 대할 때 얕잡아 보는 태도를 취합니다. 한국어가 서툰 것을 두고 자기보다 '낮은 사람'으로 평가해 버리는 거예요.

나의 외국어가 완전하지 않다고 해서 주눅이 들거나 스스로 비하할 필요가 없듯, 한국어가 서툰 외국인을 대할 때도 그들을 존중하는 마음가짐과 태도를 가져야 합니다. 글로벌 인재는 외국에 나가 외국어를 사용해야 하는 환경에 처하기도 하지만, 한국어를 사용해야 하는 외국인과 함께 생활하거나 일하기도 합니다. 나와 다른 문화권에 속해 있던 사람과 협력하고 그들의 능력을 끌어내는 글로벌 리더로서의 역량은 외국에서만 발휘할 수 있는 것이 아니에요. 대한민국이라는 무대 자체가 이미 글로벌 세상이니까 말이에요.

선입관을 형성하는
스테레오타입

미국에서 태어나고 자란 한인 교포 2세가 일본의 대학교로 유학을 갔습니다. 당연히 그는 영어가 유창했고 부모 덕분에 한국어도 할 줄 알았습니다. 한국에 친지들이 있기 때문에 한국에서 생활한 적도 있었죠. 그는 미국인으로 자랐지만 한편으로는 한국인이자 아시아인이었습니다. 동양에 대해 더 많이 알고 싶다는 마음에 일본으로 향했던 거죠.

일본으로 떠나기 전 그는 일본어를 공부했습니다. 유창하지는 않더라도 일상적인 대화는 할 줄 알아야 한다고 생각했거든요. 그리고 드디어 일본에서의 생활이 시작되었습니다. 일본에서는 일본식으로 지내며 일본과 더욱 친숙해지기 위해 가급적 일본어를 사용하겠다고 마음먹었습니다. 그런데 일본 대학교에 다니며 일본인들과 어울려 지내는 동안 그는 알게 모르게 불쾌한 감정이 쌓였습니다. 어눌하나마 일본어를 쓰려고 하는데 일본인 친구들이 자신의 노력을 높이 사는 것이 아니라 깔보는 듯한 태도를 보였던 거예요. 때로는 민족 차별을 한다는 느낌마저 받았습니다. 고민 끝에 그는 비슷한 입장에 있는 친구에게 조언을 구했습니다. 일본에 먼저 와서 경험이 훨씬 많았던 친구는 이렇게 조언했습니다.

"서툴게 일본어를 쓰지 말고 그냥 영어로 해. 그러면 일본 친구들 태도가 달라질 거야."

그 한인 교포 2세로서는 이해가 되지 않았지만, 친구의 조언을 따르기로 했습니다. 그래서 다음 날부터는 일본어 사용을 자제하고 영어로만 이야기를 했어요. 그랬더니 정말로 일본인 친구들의 태도가 180도 달라진 거예요. 깔보는 듯한 태도가 완전히 사라지고 오히려 공손하게 행동했다고 합니다. 일본 친구들의 태도가 왜 갑자기 변했을까요?

어쩌면 그 일본인 친구들에게 아시아권의 다른 나라 사람을 무시하고 낮잡아 보는 마음이 있었던 건 아닐까요? 반면에 영어권 국가의 사람들에 대해서는 동경하는 마음이 있었을지도 모릅니다.

사실 이러한 모습은 우리에게서도 발견됩니다. 우리보다 경제력이 낮은 국가에서 온 외국인 노동자를 홀대하고 차별하는 일들이 비일비재하잖아요. 그런데 동남아시아나 아프리카에서 온 외국인 노동자들 가운데에는 학력이 높은 사람이 많습니다. 고등 교육을 받았지만 그 나라에서는 자신이 배운 것을 제대로 써먹을 길이 없고 경제가 낙후한 탓에 가족을 부양하는 것도 어려워요. 때문에 타국에서 힘든 일에 시달리더라도 임금이 훨씬 높은 우리나라로 온 거예요. 그리고 이들 나라에서는 영어를 쓰는 빈도가 높기 때문에 외국어 능력도 평균적인 우리나라 사람보다 뛰어납니다. 특히 필리핀 같은 나라는 영어를 제2의 모국어로 쓰고 있어요.

이런 상상을 해 보세요. 한국말이 서투른 외국인 노동자가 있습니다. 한국인 사장으로부터 무시당하기 일쑤죠. 그런데 같이 길을 가다가 서양 사람과 우연히 마주쳤는데, 이 외국인 노동자가 갑자기 유창한 영어로 서양 사람과 자유롭게 대화를 주고받는 거예요. 이때 그 모습을 본 한국인 사장은 어떤 생각을 할까요? 이전처럼 그 외국인 노동자를 무시하지만은 못할 거예요.

우리에게는 은연중에 경제력이 높은 나라의 언어를 동경하는 반면 경제력이 낮은 나라의 언어에 대해서는 깔보는 마음이 있습니다. 같은 외국어라도 영어를 쓰는 사람은 대접을 해 주면서도 베트남어나 타이어^{태국}를 쓰는 사람은 무시하는 경향이 있어요. 그 나라 언어에 대해 '우리보다 못사는 나라의 말'이라는 부정적인 인상을 갖고 있고 사람에 대해서도 같은 인식을 하고 있는 거죠. 물론 이처럼 그릇된 인식은 우리만의 문제는 아닙니다. 앞서 살펴본 것처럼 가까운 일본 사람들도 같은 문제를 안고 있고, 정도의 차이는 있겠지만 북아메리카나 유럽 같은 서양 사

| 2001년 이슬람 무장 단체의 비행기 테러로 인해 무너져 내린 월드트레이드센터가 서 있던 곳에 조성되어 있는 추모 공원. 당시의 사건으로 인해 전 세계 사람들은 무슬림에 대해 좋지 않은 인식을 갖게 되었다.

람들 사이에도 같은 인식이 퍼져 있습니다.

어떤 개인이 속한 집단의 특성을 그 개인에게 그대로 적용하는 것을 '스테레오타입stereotype'이라고 합니다. 아랍 국가의 사람을 만났을 때 머릿속에 이슬람 무장 단체가 저지른 테러 뉴스가 떠오르면서 몸을 사리게 되는 것도 스테레오타입의 한 예입니다.

사람들이 스테레오타입에 의존하는 이유는 내가 처음 만난 사람에 대해서 정보가 전혀 없기 때문입니다. 그래서 익히 알고 있거나 머릿속에 형성되어 있는 어떤 이미지를 그 사람과 연결시키는 것이죠. 그래서 처음 만난 사람의 고향을 묻고, 나이가 어떻게 되는지, 취미가 무엇인지 등등을 알고 싶어 하는 거예요. 그러면서 그 사람과 나의 관계를 정리합니다. 일종의 서열을 따지는 거죠. 상대방보다 윗사람 입장을 취할지, 아랫사람 자세를 취할지, 동등하게 행동할지 결정한 뒤에 거기에 맞추어 처신합니다. 이것은 지극히 자연스러운 반응입니다.

하지만 어떤 사람을 평가하고 태도를 결정하는 데 있어서 출신 국가나 인종, 종교, 피부색 등을 판단 기준으로 삼는다면, 그것은 정확하지도 않을뿐더러 옳지도 않은 행동입니다. 그런 판단과 행동의 이면에는 '차별 의식'이 존재합니다. 상대방에게 불쾌감을 줄 수밖에 없죠. 그런 상태에서 어떻게 진솔한 의사소통을 할 수 있겠어요?

우리는 스테레오타입을 통해 집단의 특성으로 개인을 판단하기도 하지만, 반대로 한 개인을 통해 그가 속한 집단을 규정하기도 합니다. 어떤 외국인이 우리나라에서 범죄를 저질렀다는 뉴스를 접하면 그 나라 사람 전체를 색안경을 쓰고 바라보는 식이죠.

2007년 미국의 버지니아 공대에서 총기 난사 사건이 발생해 32명이 사망하고 29명이 다쳤습니다. 이 끔찍한 범행을 저지른 이는 대한민국 국적을 가진 학생이었습니다. 당시 범행 현장에서 자살한 용의자의 국적이 대한민국이라는 사실이 알려지자 미국의 한인 사회는 긴장감에 휩싸였습니다. 혹시라도 한인에 대한 감정이 폭발해서 불이익이나 탄압이 가해질지도 모른다고 걱정한 거죠. 다행히 당시 우리나라의 한 언론에 실린 미국 유학생의 글을 보고 저는 조금이나마 안도할 수 있었습니다. 글을 기고한 유학생은 같이 공부하는 미국인 친구들과 그 문제에 대해서 진지하게 이야기를 나누었다고 합니다. 그는 이번 총기 난사 사건의 범인이 한국인인데, 너희들은 한국 사람을, 또 나를 어떻게 생각하느냐고 물었습니다. 그의 미국인 친구들은 이렇게 대답했다고 하더군요.

"그(범인)가 한국인이라는 사실과 네가 한국인이라는 사실이 무슨 상관이지?"

"그의 국적이 대한민국이기는 하지만, 그는 어릴 때부터 미국 사회에서 미국인으로 자랐어. 그의 삐뚤어진 가치관은 미국의 산물이라고 할 수 있어."

실제로 당시 그 사건으로 인해 한국과 미국 사이에 외교적으로 문제가 발생한 적은 없습니다. 오히려 미국의 한 언론에는 한국인들의 집단적인 죄의식을 두고서 동서양 사람들의 사고방식 차이로 해석하는 논설이 실리기도 했습니다. 당시 한인들에 대한 미국인들의 반감이 전혀 없었던 것은 아니지만 미국 사회에서 반한(反韓) 여론이 조성되지는 않았습니다.

하지만 모든 사회가 항상 이처럼 성숙한 모습을 보이는 것은 아닙니다. 그것은 미국에서도 마찬가지입니다. IS에 의한 테러가 일어나면 무슬림에 대한 검열을 강화해야 한다는 여론이 들끓기도 하니까요.

내가 가지고 있는 어떤 집단에 대한 선입견을 개인에 적용하는 것도

| 코소보 전쟁은 과거 유고슬라비아 연방의 코소보 지역에서 일어난 세르비아계 기독교도와 알바니아계 이슬람교도 사이의 전쟁이다. 사진은 1999년 6월에 촬영한 것으로, 세르비아인들에게 협조했던 집시 가족이 알바니아인들의 복수를 피해 달아나고 있다. ⓒ Northfoto

잘못이지만, 한 개인의 문제를 그가 속한 집단의 문제로 비화시키는 것은 더욱 큰 잘못입니다. 그러한 인식은 부정적인 인상을 강화시켜서 어떤 집단을 혐오하게 만들고, 이러한 감정을 다시 개인에게 적용하는 악순환이 되풀이되도록 만듭니다. 이러한 감정이 쌓이고 쌓이면 민족 감정이나 인종 갈등으로 확대되기도 합니다. 보스니아 내전과 코소보 사태 때 행해진 인종 청소 같은 비극도 이처럼 사소해 보이는 그릇된 인식과 선입견이 점점 부풀려진 결과였어요. 나치의 유대인 학살도 마찬가지입니다.

앞서 이야기했듯, 우리는 정보가 거의 없는 상태에서 어떤 사람을 평가할 때 그가 속해 있는 집단의 특성을 판단 기준으로 삼고는 합니다. 이것은 우리 자신을 보호하고 방어하기 위한 본능이라고 할 수 있어요. 하지만 글로벌 리더라면 이러한 인성의 약점을 극복해야 합니다. 어떤 언어를 쓰든, 어느 나라에서 왔건, 종교가 무엇이든, 인종이 어떠하든 한 사람을 그의 배경으로 판단해서는 안 됩니다. 그래야만 공명정대하게 사람을 대하면서 올바른 리더십을 발휘할 수 있습니다.

말이 통한다고 해서
마음이 통하는 것은 아니다

우리나라 기업이나 다국적 기업의 한국 법인에 외국인 경영진이 임명되면 사내 공용어가 한국어에서 영어로 바뀌는 경우가 많습니다. 직원들 간의 일상적인 대화는 한국말로 하더라도 업무와 관련한 대화는 외국인 경영진이 쓰는 언어로 바뀌는 거죠. 한국인 직원들은 의사소통을 원활하게 하기 위해 점심시간이나 퇴근 이후의 시간을 쪼개어 영어 공부에 투자합니다. 그런데 그렇게 시간이 지나다 보면 한국인 직원들 사이에 서운한 감정이 쌓입니다. 자신들은 외국인 경영진과 소통하기 위해 많은 노력을 기울이고 있는데, 외국인 경영진은 꽤 시간이 지났는데도 할 수 있는 한국말이 고작 "안녕하세요."와 "감사합니다."뿐이니까요.

| 현지의 언어로 소통하고자 하는 노력은 그 나라와 문화에 대한 최소한의 예의이기도 하다.

　한국인 직원들 입장에서는 외국인 경영진에게 다가가려고 노력하는 만큼 외국인 경영진 역시 자신들에게 다가오기 위한 노력을 해 주기를 바랍니다. 같이 동고동락하고 있는데, 외국인 경영진들이 금세 떠날 사람들처럼 여전히 이방인으로서의 행태에서 벗어나지 못한다면 심리적 거리감을 좁힐 수 없고 신뢰를 쌓을 수도 없습니다.

　위의 사례는 실제로 대한민국 내의 글로벌 비즈니스 환경에서 쉽게 접할 수 있는 현상입니다. 그리고 이 이야기는 해외에 진출할 우리나라의 글로벌 인재들에게도 많은 것을 생각하게 합니다.

　만약 여러분이 해외에서 일하게 된다고 생각해 보세요. 영어는 충분히 익혔지만, 그 나라 말은 할 줄 모릅니다. 여러분은 편한 대로 영어를 쓰거나 한국어를 씁니다. 여러분과 소통하기 위해 영어나 한국어를 공부하는 직원들이 있을 거예요. 그런데 여러분이 현지의 언어를 알고자 하는 노력을 보이지 않는다면, 위 사례의 한국인 직원들처럼 현지의 직원들은 여러분에게 섭섭한 감정을 갖게 될 거예요.

그것은 내가 이만큼 노력하고 있으니 너도 거기에 상응하는 노력을 해 달라는 등가^{等價}의 문제에 그치지 않습니다. 여러분이 현지의 언어를 배우려는 노력을 하지 않고 현지인들과 섞이려고 하지 않는다면 현지의 직원들은 여러분을 '곧 떠날 외국인'으로 여기게 될 겁니다. 조직이 잘 돌아가기 위해서는 일체감과 공감대가 중요합니다. 여러분이 아무런 노력도 하지 않은 채 '외국인'의 모습을 고수하는데 조직의 구성원과 여러분 사이에 일체감과 공감대가 형성될 리 있겠어요?

또 한 가지 문제가 있습니다. 여러분이 현지의 언어를 익히기 위해 적극적으로 노력하지 않는다면 결국 여러분 주위에는 '언어가 통하는'

사람만 남게 됩니다. 경영진인 여러분이 현지인들과 골고루 의사소통을 하지 않고 말이 통하는 사람하고만 어울린다면 그들이 주는 정보를 바탕으로 상황을 판단하고 현지의 직원들을 이끌게 됩니다. 이러한 의사소통 형태는 외국인 경영진이 업무 능력을 통해서 정보를 얻는 것이 아니라 언어 능력을 통해서 정보를 입수하는 결과를 가져옵니다. 만약에 여러분과 언어가 통하는 사람이 업무 성과도 뛰어나다면 별 탈이 없겠지만, 그게 아니라면 문제가 생길 수 있습니다. 그 직원이 말이 통한다는 이유로 충복 노릇을 하면서 자신에게 불리한 정보는 감추고 유리한 정보만 전달한다면 여러분은 조직의 상황을 제대로 파악하지 못하는 '까막눈'이 되고 말 테니까요.

중국에 파견된 한국인 경영진 중에는 주로 조선족 직원들하고만 이야기를 나누고 실제로 업무 능력이 뛰어난 현지의 한족들과는 제한된 소통을 하는 경우가 많습니다. 경영진의 대화 상대가 말이 통하는 직원에게 편중되어 일을 잘하는 직원의 입장을 제대로 듣지 못하게 되면, 결국 그 직원들은 소외감을 느끼고 전체적인 직원들의 사기에도 부정적인 영향을 미치게 됩니다. 이런 상태에서는 결코 제대로 된 성과를 올릴 수가 없습니다. 이런 문제를 해결하기 위해서는 통역을 통해서라도 현지인들과 적극적으로 소통해야 합니다.

글로벌 인재가 세계와 소통하기 위해 익히는 첫 번째 언어는 영어입니다. 비즈니스 세계에서는 영어가 세계 공용어의 지위를 누리고 있으니까요. 그리고 영어권 국가가 아니더라도 여러 민족이 어우러져 성립된 다민족 국가에서는 각 민족의 언어로 소통하기 힘들기 때문에 영어를 사용하는 빈도가 높습니다.

하지만 이 세계에는 영어가 일상화된 나라보다는 그렇지 않은 나라가 더 많습니다. 여러분이 그 나라의 언어를 모두 익힐 수는 없죠. 그리고 제법 오랜 기간 그 나라에 체류하더라도 여러분이 그 나라의 언어에 정통할 수는 없습니다. 그렇다 하더라도 그 나라의 현지인들과 소통하기 위한 노력을 게을리 해서는 안 됩니다. 현지인에게 다가가기 위한 리더의 노력이 더해질 때 마음을 얻을 수 있습니다. 또한 현지인들과 섞이려는 노력이 하나둘 더해지는 가운데 참다운 글로벌 리더의 모습에 다가갈 수 있습니다.

문화와 문화를 잇는
메신저

. . .

글로벌 리더가 만들어지는 과정

이번 스테이지에서 만나게 될 내용

- '문화 충격'에 대해서 알아보고, 사람마다 문화 충격의 정도가 다른 것에 대해서 생각해 봅시다.
- 문화 충격과 맞닥뜨렸을 때 나타나는 여러 가지 증상에 대해서 살펴봅시다.
- 지금까지 지켜 온 가치관과 신념이 글로벌 환경에서 벽에 부딪힐 때는 어떻게 해야 할까요?
- '문화 게토'에 대해서 알아보고, 글로벌 환경에서 문화 충격을 느끼는 것이 바람직하다는 점에 대해서 생각해 봅시다.
- 이문화에 적응하는 네 가지 단계에 대해서 알아봅시다.
- 한때 '단일 민족'이라는 개념이 강조되었던 이유를 살펴보고, 우리가 추구해야 할 다양성 사회에 대해서 생각해 봅시다.

문화 충격이란
무엇인가?

우리나라 대기업의 임원 한 사람이 제가 있는 캐나다의 대학교에 공부하러 온 일이 있습니다. 그가 다니는 회사는 글로벌 비즈니스 시대에 대응하기 위해 장래에 회사를 이끌어 갈 리더를 선발하여 1년 동안 해외에서 생활하며 공부하도록 하는 프로그램을 운영하고 있었습니다. 해외에 머물며 외국의 대학교에서 공부하고 언어를 익히는 동시에 다른 나라의 문화를 직접 체험함으로써 글로벌 역량을 쌓는 것이 목적이었죠.

제가 있는 학교에 연수차 와 있는 그 임원을 만났을 때 제가 물었습니다.

"외국 생활이 힘들지 않으십니까?"

그는 이렇게 대답했어요.

"바쁜 업무에서 벗어나 저 자신을 돌아볼 수 있어서 좋습니다. 경치도 아름답고 공기도 맑은 곳에서 지내니 즐겁습니다."

그래서 잘 지내고 있나 보다 생각하고 있었는데, 어느 날 갑자기 그가 상의할 것이 있다며 저를 찾아왔습니다. 표정이 어두웠어요.

"얼마 전부터 배에 두드러기가 생겨서 병원에 다니는 중입니다. 몸에 질병이 있거나 먹는 게 문제가 된 것은 아니라고 하더군요."

그런데 왜 갑자기 그런 증상이 나타났는지 무척 궁금했습니다. 그의 이야기가 이어졌습니다.

"의사 말로는 새로운 환경을 접하면서 생긴 스트레스가 원인이라고 하더군요."

이때 제 머릿속에 떠오른 단어가 '문화 충격Culture Shock'이었습니다. 저는 문화 충격이라는 현상에 대해서 익히 알고 있었고, 문화 충격이 심한 경우에 감기나 독감에 잘 걸리는 등 몸의 면역력이 약해진다는 사실도 알고 있었지만 두드러기가 생길 수도 있다는 사실은 그날 처음 알았습니다. 도대체 문화 충격이라는 것이 무엇이기에 몸까지 아프게 만드는 걸까요?

'문화 충격'이라는 말은 미국에서 활동한 인류학자 칼레르보 오버그Kalervo Oberg, 1901~1973가 1954년에 펴낸 자신의 책『문화 충격Culture Shock』을 통해 처음 밝힌 개념입니다. 오버그 교수는 사람이 갑작스럽게 새롭고 낯선 환경에 속하게 되었을 때 평상시 익숙하던 것들을 한꺼번에 상실하면서 마치 길을 잃은 사람처럼 심리적 혼란을 겪는 상태를 '문화 충격'이라고 표현했습니다.

그런데 사람이 문화 충격을 겪고 혼돈 상태에 빠지는 원인은 환경 변화 그 자체라기보다는 환경의 변화 속도에 비해서 우리의 몸과 마음이 그 변화에 적응하는 속도가 느리다는 데 있습니다. 사람마다 문화 충격의 정도가 다른 것도 이 때문입니다. 생각이 유연하고 마음이 여유로운 사람은 그렇지 않은 사람에 비해 문화 충격을 덜 느끼는 편이죠.

사람마다 정도의 차이는 있지만 누구나 새로운 환경에 처하면 적응하는 데 어려움을 겪습니다. 그것은 당연한 일이에요. 그동안 익숙했던 것들로부터 떨어져 나와 낯선 환경에 둘러싸이니 어려움을 겪을 수밖에요. 그러면 사람이 문화 충격을 받을 때 어떤 증상이 나타나는지 살펴볼까요?

첫 번째는 '향수병'입니다. 가족과 친구가 그리워지면서 기분이 울적해지고 때때로 울음이 터져 나오기도 합니다. 우리나라 대학교의 국제 대학원에 유학 중인 외국인 학생을 대상으로 문화 충격에 관한 설문 조사를 실시했는데, 향수병을 경험한 학생의 수가 가장 많았다고 합니다. 문화 충격의 가장 흔한 증상이 향수병인 거죠.

두 번째는 '권태감'입니다. 사는 게 지루해지고 매사에 흥미를 잃어버려요. 꼭 해야 하는 일들만 하고 새로운 것을 시도하거나 자신을 발전시키고자 하는 의욕이 사라집니다.

| 문화 충격은 여러 가지 정신적·심리적 증상을 일으킬 뿐만 아니라, 심한 경우 신체적 질병을 야기하기도 한다.

세 번째는 '대인기피증'입니다. 언어와 문화의 장벽으로 인해 현지인을 만나는 일에서 스트레스를 느낍니다. 모임이 있어도 일부러 피합니다. 현지인뿐만 아니라 같은 한국인을 만나는 것조차 기피하게 됩니다. 시간이 나면 독서나 인터넷, 게임, TV 시청 등 혼자서 할 수 있는 일들에 집중합니다. 그렇게 점점 외톨이가 되어 갑니다.

네 번째는 '과도한 수면'이에요. 한국에 있을 때보다 수면 시간이 크게 늘어납니다. 적어도 잠을 자는 동안에는 스트레스를 주는 현실로부터 도피할 수 있기 때문이에요. 습관이 되면 나중에 고치기 힘들어집니다.

다섯 번째는 '과음과 과식'입니다. 평상시보다 많이 먹게 되고, 술을 마시는 사람은 음주량이 늘어납니다. 건강도 덩달아 나빠지죠. 현실에서 겪는 스트레스를 음식과 술이 주는 만족감을 통해 보상하려는 심리 현상에서 비롯됩니다.

여섯 번째는 '신경질적 반응'입니다. 자신도 모르게 참을성이 약해지면서 화를 내거나 짜증을 부리는 빈도가 증가합니다. 보통 때 같으면 참고 넘어가던 일들이 무척 예민하게 다가옵니다.

일곱 번째는 '가족 간의 갈등'입니다. 남편은 남편대로, 부인은 부인대로 각각 문화 충격으로 인한 스트레스 때문에 부부싸움이 잦아지면서 덩달아 아이들의 불안이 커집니다. 부모 자식 간에 갈등이 생길 수밖에 없죠. 사춘기 아이들의 반항기 역시 한국에 있을 때보다 강해집니다. 물론 이것은 가족 모두가 외국 생활을 하는 경우에 해당합니다.

여덟 번째는 '현지인들에 대한 적대적인 태도'입니다. 외국에 살면 그 사회의 주류가 아니라 소수자의 위치에 놓이게 됩니다. 현지인으로부터 차별이나 부당한 대우를 받는다고 느낄 때가 종종 있죠. 현지인들이 적대적으로 대하니, 나 역시 그들을 적대적으로 대하겠다는 감정이 생깁니다.

아홉 번째는 '울음'입니다. 스트레스가 쌓이는 것을 풀지 못하고 억누르고 있다가 어느 순간 자신도 모르게 울음이 터지는 거예요. 저도 캐나다에서 혼자 운전을 하고 가다가 갑자기 눈물이 터진 경험이 있습니다. 우리나라에서 영어를 가르치는 캐나다 여자도 같은 경험을 털어놓은 적이 있어요. 어느 날 사람들과 이야기를 나누던 중에 자신도 모르게 눈물이 흘러서 놀란 적이 있다고 하더군요. 문화 충격으로 인한 스트레스가 잠복되어 있다가 갑자기 울음으로 분출되는 거죠.

열 번째는 '병'이에요. 문화 충격은 심리적으로 겪는 것인데, 심리적 불안이 신체의 이상 반응으로 나타나기도 합니다. 스트레스가 쌓이면 몸의 면역력이 약해지기 때문에 감기, 독감, 고혈압, 위궤양, 이명, 우울증을 동반할 수 있습니다.

제가 여러분에게 너무 겁을 주었나요? 그런 의도는 없습니다. 다만 새로운 문화와 환경에 적응하기 위해서는 그만큼 고통이 따른다는 사실을 말해 주고 싶어요. 글로벌 인재가 되고 글로벌 리더로 거듭난다는 것은 여러분의 인격이나 능력이 두세 단계 성숙해진다는 사실을 의미합니다. 그러니 성장통이 따르지 않을 수 없습니다.

그리고 한 가지 더 알려 주고 싶은 것은 이문화 환경에 들어서면 그동안 여러분이 갖고 있던 가치관이 송두리째 흔들릴 수 있다는 점입니다. 대한민국이라는 사회에서 살아오는 동안 여러분 안에 형성된 믿음과 신념, 옳고 그름에 대한 판단 등이 벽에 부딪힐 수 있어요.

한때 미국에서 에이즈^AIDS 확산이 심각한 사회 문제로 부각되었습니다. 더욱 고민스러웠던 것은 성적으로 활발한 사춘기 아이들 사이에서 에이즈가 확산되고 있다는 사실이었습니다. 순결 교육을 강화해야 한다는 전통적인 사고방식부터 콘돔을 사용하도록 교육해야 한다는 개방적인 주장까지 다양한 스펙트럼의 의견들이 제시되어 뜨거운 논쟁이 일었습니다.

그런데 한 고등학교 학생 자치회에서 이 문제에 대한 토론을 벌인 끝에 콘돔을 사용하도록 하는 것이 더욱 효과적이라는 결론을 내리고 바로 실행에 들어갔어요. 학생회 간부들이 학교 정문에 서서 등교하는 학생들에게 무료로 콘돔을 나누어 준 거예요. 물론 남학생과 여학생을 가리지 않았습니다.

그 학교에는 한국 아이들도 다니고 있었습니다. 부모가 미국으로 파견되면서 가족이 함께 왔거나 부모와 같이 조기 유학을 온 아이들이었죠. 아이들이 학교에서 콘돔을 받아 온 것을 보고 그 부모들은 어땠을까요? 도저히 받아들일 수 없는 일이라며 격분했습니다. 지금까지 그들이 가지고 있던 한국적 가치관과 정면으로 배치되는 일이었으니까요. 그렇다고 아이들을 학교에 보내지 않을 수는 없잖아요? 한동안 한국인 부모들은 커다란 혼돈 상태에 빠졌습니다. 끝끝내 자신들의 가치관을 고집해야 할지, 아니면 현실을 받아들이고 지금까지 믿어 온 가치관을 포기해야 할지 기로에 섰습니다. 이처럼 문화 충격은 한 사람의 생애를 송두리째 뒤흔드는 엄청난 파도로 밀려오기도 합니다.

여러분이 한국인 부모라면 어떻게 하겠어요? 쉽게 답하기 어려운 문

| 미국과 유럽 일부 국가의 중고등학생들은 성(性)을 터부시하지 않기 때문에 성 문화에 대해 비교적 개방적이다.

제죠. 다만 미국을 비롯하여 서양 세계의 개방적인 성 문화를 부도덕한 것으로 매도해서는 안 됩니다. 그들은 성을 터부시하지 않고 편하고 자유롭게 드러내는 나름의 문화를 발전시켜 왔습니다. 그들이 옳은 것도 아니고 우리가 그른 것도 아닙니다. 반대로 그들이 그른 것도 아니고 우리가 옳은 것도 아닙니다. 그것은 그야말로 '차이'일 뿐입니다.

제 개인적인 의견으로는, 미국의 개방적인 성 문화를 인정하는 것이 옳다고 봅니다. 그리고 나서 어떻게 행동할 것인지는 결국 개인에 달린 문제입니다. 그 나라의 문화와 전통을 혐오하게 된다면 내가 속한 이문화 환경에 거부감과 적대감이 커질 뿐입니다. 받아들일 것은 받아들이면서 나의 행동을 결정하는 것이 현명한 처사라고 생각합니다.

우리나라 사람이 많이 하는 말실수 가운데 하나가 '다르다'와 '틀리다'를 혼동하는 것입니다. "나는 너와는 틀려!" 이렇게 말하는 경우가 많죠. 혹시 '다르다'와 '틀리다'를 혼동해서 쓰는 이유가 '나와 다른 것'은 '틀린 것(잘못된 것)'이라는 인식이 깔려 있기 때문은 아닐까요? 뒤에서 자세히 살펴볼 내용인데, 사실 대한민국 사회는 그동안 다양성보다는 동질성을 추구하는 방향으로 흘러왔습니다. 이러한 사회의 분위기와 흐름이 우리의 인식을 지배하고 있는지도 모릅니다.

분명한 사실은 우리와는 다른, 나와는 다른 어떤 '차이'를 인정할 줄 알아야 한다는 것입니다. 특히 글로벌 환경에서는 문화의 차이와 다양성을 더욱 적극적으로 수용해야 합니다. 그래야 어느 정도 문화 충격으로부터 자유로울 수 있어요. 그리고 이러한 '받아들임'을 통해 우리는 새로운 창의적 아이디어와 가능성을 발견하고, '1+1=3'이 되는 이문화 시너지를 만들어 낼 수 있습니다.

이문화 적응에 실패한
가짜 글로벌 인재들

우리나라의 한 금융 기관에서 매년 여러 명의 직원을 선발하여 미국 서부의 어느 주립 대학교 경제학 석사 과정에 유학을 보내는 프로그램을 진행했습니다. 근무 성적이 좋은 직원들이 해외 경험을 쌓으면 영어 실력도 늘고 글로벌 역량도 커질 것으로 내다보고 2년 동안의 학비와 해외 체류비를 지원해 주었죠. 그런데 미국에서 공부를 마치고 돌아온 직원들에게서 기대한 만큼의 성과가 나타나지 않는다는 사실을 알게 되었습니다. 영어 실력이 오히려 후퇴하는 경우도 있고, 외국인 투자자와 거래를 할 때도 별다른 강점을 발휘하지 못했어요. 매년 같은 일이 반복되었습니다. 왜 이런 일이 벌어진 걸까요?

회사의 지원을 받아 미국에 온 그 사람들이 어떻게 생활하고 있는지 살펴보면 답을 찾을 수 있습니다. 우선 거의 모든 사람들이 예외 없이 똑같은 과목을 수강합니다. 수업 시간에는 교수와 멀리 떨어진 맨 뒤쪽 자리에 몰려 앉아 수업을 들어요. 특별한 경우가 아니면 교수의 질문에 답하지 않고 질문을 하지도 않습니다. 시험을 치를 때는 먼저 왔다 간 사람들이 모아 놓은 시험 관련 자료를 보면서 공부합니다. 쉬는 시간에는 한국 사람들끼리만 어울립니다. 학교 식당에서 밥을 먹을 때도 각자 분담해서 준비한 밥, 김치, 불고기 등을 꺼내서 한국인끼리만 먹습니다. 주말에는 한국 사람들끼리 모여서 골프를 치거나 낚시를 하죠.

이런 식으로 2년을 보내는 거예요. 시험을 잘 보기 때문에 성적은 좋아요. 하지만 영어를 거의 쓰지 않고 미국 사람들을 사귀지도 않죠. 어떤 의미에서는 한국에 있는 사람들보다 더 한국적으로 살다가 돌아가는 거예요.

이렇게 같은 민족이나 인종끼리만 어울리는 현상을 '문화 게토cultural ghetto'라고 합니다. 원래 게토는 유럽에서 홀대받던 유대인들을 격리하기 위한 지역을 가리키는 말입니다. 그러니까 문화 게토는 이문화 환경에 편입된 사람들이 스스로 문화적으로 고립된 채 본국에서 살던 대로 살 수 있는 작은 환경을 만드는 것이죠. 사람들이 문화 게토를 만드는 이유는 문화 충격으로 인한 스트레스를 피해서 '숨어 지낼 수 있는 곳'을 찾기 때문입니다. 그 안에서 생활하는 사람들은 문화 충격을 거의 느끼지 않고 지내지만 현지 문화에 대해서는 아무것도 배우지 못합니다.

미국 뉴욕의 코리아 타운. 인적 구성과 공간의 형태가 한국의 유흥가 거리와 별 차이가 나지 않는다.

이런 현상은 어학연수를 받으러 해외로 나온 학생들에게서 더욱 자주 발견됩니다. 저희 대학교의 영어 연수 프로그램에 참여한 외국 학생들 대부분이 처음에는 캐나다 현지인의 가정에서 생활하는 홈스테이를 합니다. 학교의 수업 시간 외에 가정에서 주인집 식구들과 영어를 주고받으면 영어 실력이 빨리 향상될 수 있기 때문이죠. 그런데 오래지 않아 많은 학생들이 홈스테이를 포기하고 아파트 등을 구해서 혼자 살게 됩니다. 이상하게도 우리나라 학생들의 비율이 가장 높아요. 그 이유를 알아보기 위해 몇몇 학생들에게 물어보았습니다.

홈스테이를 하면 저녁시간에 그 집 가족들과 같이 식사하면서 이야기를 나누어요. 처음에는 좋았는데, 시간이 지나면서 저녁시간이 점점 스트레스를 받는 시간으로 변합니다. 하루 종일 영어를 쓰는 것이 심리적으로 꽤 피곤한 일인데 저녁식사 시간에도 영어를 써야 하니 견디기 힘든 거예요. 그리고 한국 음식이 그립기도 합니다. 캐나다 가정에서 김치를 먹을 수는 없잖아요. 그래서 결국 홈스테이를 포기하고 혼자 나와 살게 됩니다.

이때부터 문화 게토에 빠질 수 있습니다. 한국 학생들하고만 어울리고 한국어를 주로 쓰며 한인 식당만 찾으면서 한국에 있을 때나 다름없는 생활을 하는 거예요. 특히 미국 대도시는 한인 타운이 발달했기 때문에 공간적으로도 한국을 그대로 옮겨 놓은 것 같은 지역이 많습니다. 이런 곳에 익숙해져 버리면 절대로 이문화 환경을 경험할 수 없고, 글로벌 인재도 될 수 없습니다.

우리나라에 와 있는 미국인이나 캐나다 사람들 중 많은 사람이 우리나라에 있으면서도 북아메리카식 생활을 유지하기 위해 주한 미군의 여러 가지 시설을 이용하거나 이태원에서 주로 지내는 것도 비슷한 경우라고 할 수 있습니다. 그들은 한국에서 여러 해를 지내지만 한국말도 늘지 않고 한국 문화에 대해서도 이해하지 못합니다.

우리나라 기업이 외국에 진출하거나 이민자가 사업을 하는 경우 현지인을 대상으로 직접 사업을 하는 경우는 드뭅니다. 대부분 그 나라에 있는 한국 교민들을 대상으로 사업을 하는데, 교민 사회도 하나의 커다란 문화 게토라고 할 수 있습니다.

외국 법인에 파견되었다가 한국으로 돌아온 사람이 있습니다. 그는 외국에 있는 동안 문화 충격을 거의 느끼지 않았다고 하더군요. 자세히 물어보니 그곳에 있는 동안 한인들을 대상으로 일을 하고 한인 사회에만 있다가 왔기 때문이었어요. 이문화 환경에 적응을 잘했던 것이 아니라 문화 게토에 숨어 있었던 것입니다.

오랜 기간 해외에 머물다가 오는 사람이 점점 늘어나고 있습니다. 어학연수를 다녀오기도 하고, 아예 초등학교나 중고등학교 때부터 외국의 학교에 다니기도 합니다. 해외 유학을 다녀온 학생들의 수도 많아졌습니다. 우리 기업들이 해외에 진출하면서 외국 법인으로 파견 나갔다가 돌아온 사람도 많죠. 그런데 사실 저는 이들 가운데 제대로 글로벌 환경을 경험한 사람이 몇이나 될지 의문입니다. 외국 법인에서 일했거나 해외에서 공부했다는 경력이 그 사람의 글로벌 역량을 증명하지는 않습니다. 오히려 그런 표면상의 경력을 바탕으로 한국에 돌아와 글로벌 인재 행세를 하는 사람들이 있지나 않을지 걱정이 됩니다.

실제로 미국 직장인의 경우 해외에 파견되었다가 기간을 채우지 못하고 조기 귀국하는 비율이 25~40%에 이릅니다. 그런데 한국의 직장인은 어떨까요? 해외 법인에 파견되었다가 조기 귀국하는 비율이 극도로 낮습니다. 우리나라 직장인이 미국 직장인보다 이문화에 적응하는 능력이 뛰어나서 그런 걸까요? 그게 아닙니다. 미국 기업에서는 해외에 파견되었다가 견디지 못하고 귀국해도 그것이 크게 흠이 되지 않습니다. 하지만 한국 기업에서 해외로 파견되었다가 기간을 채우지 못하고 귀국하면 실패자라는 낙인이 찍혀서 큰 프로젝트를 맡지 못하거나 승진이 어려워집니다. 심지어 사직 권고를 받기도 해요. 이문화 환경에 적응하지 못하는 것을 개인의 능력 문제로 보기 때문이죠. 그러다 보니 적응을 하지 못한 상태에서 그대로 눌러 지내는 거예요.

그러면 여러 가지 문제가 생깁니다. 문화 충격으로 인해 심신이 지칩니다. 스트레스가 쌓여 가죠. 가족들은 가족들대로 힘들어지면서 갈등이 커집니다. 이렇게 억지로 버티다가 한국으로 돌아와서는 '전문가' 행세를 합니다. 한국을 대표하여 글로벌 비즈니스에 나섭니다. 무능을 감추기 위해 눈속임을 동원하기도 해요. 그러다가 문제가 발생하기도 합니다.

누구나 글로벌 환경에 속할 수 있는 것은 아닙니다. 기업에서 무능한 사원을 해외로 파견하지는 않을 거잖아요. 그만큼 한국에서 성과를 올렸기에 해외 책임자가 될 수 있었던 거예요. 그리고 기업에서는 그 직원이 글로벌 역량을 갖추고 돌아오기를 기대하며 '기회'를 준 것입니다. 그런데 그처럼 좋은 기회를 제대로 살리지 못하고 '가짜 글로벌 인재'가 된다면 참 안타까운 일이 아닐 수 없어요.

유학생들도 마찬가지입니다. 스스로 그 기회를 얻었든, 아니면 부모

님의 후원이 있었든 글로벌 환경에 속할 수 있다는 것은 큰 축복이에요. 목적의식이 분명하다면, 글로벌 환경의 모든 어려움들이 도전으로 다가올 겁니다. 어느 누구도 문화 충격을 피할 수 없습니다. 오히려 문화 충격을 크게 겪을수록 훌륭한 글로벌 리더가 될 수 있어요. 그만큼 도전하고 부딪쳤다는 뜻이니까요.

'문화 공부'는 결코 머리로만 할 수 없습니다. 혼자서 할 수 있는 것도 아니에요. 온몸으로 경험하고 여러 사람과 어울려야만 완성할 수 있습니다. 그리고 그 과정을 거쳐 여러분은 이전과는 확연히 다른 사람이 되어 있다는 사실을 스스로 깨닫게 될 겁니다. 기억하세요. 변화는 항상 고통을 수반한다는 사실을요.

이문화에 적응하는
네 가지 단계

    저는 한 사람이 글로벌 리더로 거듭나는 과정을 나비의 삶과 비교해 보고는 합니다. 나비는 다른 동물과 달리 성충이 되기까지 네 번의 커다란 변화를 겪습니다. 그저 몸집이 자라기만 하는 것이 아니라 알, 애벌레, 고치 그리고 성충이 되는 단계를 거치며 변신합니다. 각 단계에서 다음 단계로 변태變態할 때마다 이전의 존재는 죽고 그 안에서 새로운 존재가 태어나죠. 이는 어릴 때부터 죽을 때까지 비슷한 모습을 한 채 크기와 외형만 달라지는 '성장'과는 근본적으로 다른 '변화'라 할 수 있습니다. 글로벌 리더 역시 이문화 환경에 적응하는 과정에서 여러 번 정체성의 변화를 경험하게 됩니다.

알: 해외 생활 초기

알은 딱딱한 껍질로 이제 막 탄생한 연약한 생명을 둘러싼 채 외부의 자극과 공격으로부터 보호합니다. 알 속의 생명체는 껍질 바깥의 세상이 얼마나 거칠고 위험한지 모른 채 편안함과 아늑함 속에 머무릅니다. 이문화 환경에 들어서서 해외 생활을 처음 시작하는 사람들도 비슷한 느낌을 갖게 됩니다. 먼저 그곳에서 생활한 동포나 현지인들이 여러 가지를 배려하고 도와주기 때문입니다.

여러분이 외국에 처음 도착했다고 가정해 볼까요? 홈스테이 가정의 현지인들은 여러분을 위해 특별히 좋은 것만 골라서 경험하도록 배려해 줄 겁니다. 혹시 외식을 하더라도 그 지역의 이름난 식당에서 하게 되고 유명한 관광 명소에 데리고 다니면서 구경을 시켜 주기도 할 거예요. 여러분은 당분간 그곳에서 살기 위해 갔지만 한동안은 관광객처럼 들뜬 마음으로 지내게 됩니다.

간간이 어려움을 겪기도 하겠지만 전반적으로 즐거운 시간이 이어집니다. 모든 것이 새롭고 신기하며 사람들도 친절해서 긍정적인 상태가 되죠. 앞으로 별다른 어려움 없이 지낼 수 있겠다는 기대감이 커집니다.

실제로 기업에서 해외로 파견되면 현지에서 지역 유지들과 만나고 융숭한 대접을 받는 등 처음에는 귀족처럼 지내게 됩니다. 본국의 기업에 있을 때는 일개 직원이었지만, 그곳에서는 책임자로 활동하면서 자신의 위상이 꽤 높아졌다는 우쭐한 마음이 들기도 합니다. 하지만 그것은 있는 그대로의 모습이 아니라 안 좋은 것들은 피하고 특별히 좋은 것들만 접할 수 있도록 선별된 환경에서의 경험일 뿐입니다. 이렇듯 힘들고 고생이 될 수 있는 환경으로부터 보호를 받는 단계가 바로 '알의 단계'입니다. 그러다 알에서 깨어나면 애벌레가 됩니다.

애벌레: 문화 충격

영어 표현 중에 '신혼은 끝났다Honeymoon is over.'라는 말이 있습니다. 주로 정치권에서 쓰는 말인데, 선거에서 이긴 당선인이 새로운 직책에 오른 뒤 한동안 승리감과 지지자들의 성원에 마음이 부풀어 지내다가 본격적인 업무가 시작되면서 정치 현실과 산적한 문제들에 직면하게 되는 시기를 가리킵니다. 해외 생활에서도 '신혼'이 끝나는 시점이 찾아옵니다. 이제 더 이상 관광객이 아니라 하루하루 현실과 마주하며 살아가는 현지인과 똑같은 삶을 살게 되는 거죠. 비로소 알을 깨고 나온 거예요.

알을 깨고 나온 애벌레는 약하디 약한 존재입니다. 꾸물꾸물 바닥을 기어 다니기 때문에 행동이 재빠르지 못해서 천적들의 공격에 속수무책 당할 수밖에 없어요. 친절하고 호의적이던 환경이 급작스럽게 변화하면서 '환상'은 사라지고 현실이 더욱 크게 부각됩니다. 의사소통에 어려움을 겪으면서 마음이 답답해집니다. 행동양식과 사고방식, 습관, 가치관의 차이에서 오는 갈등이 끊이지 않습니다. 이문화 환경의 현실을 마주

한 여러분은 스스로를 애벌레처럼 약한 존재로 여길지도 모릅니다.

이때 많은 이들이 위기를 넘기지 못하고 해외 생활을 포기합니다. 해외 생활을 포기한다는 것은 두 가지를 의미합니다. 하나는 한국으로 돌아가는 것이고, 다른 하나는 문화 게토 속으로 숨는 거예요. 문화 게토로 피신하는 것은 몸만 외국에 있지 경험은 한국에 머물러 있는 것이나 마찬가지예요. 몸과 마음이 피폐해진 상태에서 어쩔 수 없이 외국에 머물러 있는 것보다는 차라리 한국으로 돌아가는 것이 더 나을지도 모릅니다.

하지만 모든 애벌레가 천적의 먹이가 되는 것은 아니듯 이문화 환경의 문화 충격을 이겨 내고 다음 단계로 넘어가는 사람들이 있습니다. 하지만 애벌레 단계를 견뎠다고 해서 곧장 나비가 되는 것은 아니에요. 나비가 되기까지 아직도 많은 경험을 쌓아 가야 합니다.

고치: 점진적 적응

친절과 호의, 배려 속에서 지내다가 현실과 마주한 뒤 이리저리 부딪히고 경험하다 보면 서서히 그곳의 사람들과 문화에 대해 이해가 되기 시작합니다. 그러면서 나를 힘들게 했던 것들로부터 어느 정도 자유로워지는 순간이 옵니다. 나의 신경을 날카롭게 만들던 여러 가지 일들이 보다 편하게 다가오거나 현지인들을 대할 때도 부담이 줄어드는 등 몸과 마음이 환경에 적응해 가는 거죠.

그렇다고 해서 갑자기 모든 상황이 바뀌는 것은 아닙니다. 조금씩 내 안의 무언가가 변화하고 있지만 그 변화는 아주 더디게 이루어지기 때문에 주변 사람들도 나 자신도 제대로 알아차리지 못합니다. 마치 고치 안에서는 매순간 변화가 일어나고 있지만, 밖에서 보면 아무런 일도 없는 것처럼 보이는 것과 비슷합니다.

고치 단계에 이르렀다고 해서 안심해서는 안 됩니다. 아직 가야 할 길이 멀어요. 한 사람의 글로벌 리더가 탄생하기까지는 이처럼 많은 시간과 노력을 필요로 하고 고통이 뒤따릅니다.

문화 충격을 극복하고 이문화 환경에 적응하기 위한 방법으로 저는 저희 학생들에게 'ABC 이론'을 제시하는데, 여러분에게도 살짝 알려 드릴게요.

A는 받아들인다는 뜻인 'Accept'의 첫 자예요. 이문화 환경에서는 낯설고 불편한 것이 한두 가지가 아니기 때문에 스트레스를 많이 받습니다. 그러다 보면 현지인과 현지 문화에 적대적인 태도를 가질 수 있습니다. 그러나 마음에 들지 않는다고 해서 저항하거나 내치면 현지 문화에 적응하기가 점점 더 어려워집니다. 때문에 내키지 않더라도 일단은 그러한 감정을 누그러뜨리고 현지 문화를 있는 그대로 받아들이려는 마음가짐을 가져야 합니다. 이렇게 하면 많은 것이 쉬워집니다.

B는 현지 사람들로부터 고립되지 않고 그들 가운데 섞여서 생활하는 것을 뜻하는 'Blend in'의 첫 자입니다. 현지의 학교나 직장에 있을 때

뿐만 아니라 일상생활을 하면서도 현지인과 같이 시간을 보내고 그들과 섞이려는 노력을 해야 합니다. 현지인의 입장에서 생각해 보고 그들이 하는 대로 따라하다 보면 그 사람들이 왜 그렇게 생각하고 행동하는지 보다 깊이 이해할 수 있습니다. 현지인과의 유대가 깊어져 친구를 만들 수 있다면 더할 나위 없겠죠. 문화와 문화가 만난다는 것은 결국 사람과 사람이 만나는 일입니다.

그리고 C는 창조한다는 뜻을 가진 Create의 첫 자입니다. 이문화 환경에서는 이전에 경험하지 못한 상황을 자주 접하기 때문에 창의력을 발휘하여 문제를 해결해야 하는 경우가 많습니다. 그리고 C는 이문화와 우리나라 문화 양쪽의 장점만을 합쳐서 새로운 시너지를 창조한다는 뜻도 포함하고 있습니다. 물론 이렇게 되기 위해서는 고치 단계를 넘어서서 나비가 되어야겠죠.

나비: 이문화의 이해

고치 단계를 견뎌 내고 나면 바닥을 기어 다니던 애벌레가 나비로 화려하게 변신합니다. 나비가 자유롭게 공중을 떠다니듯 글로벌 리더는 자신이 자라난 문화의 테두리에 갇히지 않고 다른 문화로 자유롭게 이동할 수 있습니다. 알과 애벌레, 고치의 과정을 거치면서 마음에 새기고 몸으로 익힌 문화 적응력으로 인해 이제는 이 세상의 어느 곳으로 향하든 문화 충격을 최소화할 수 있게 된 거죠.

그리고 나비가 이 꽃에서 저 꽃으로 옮겨 다니며 꽃들을 수정시켜 새로운 열매를 맺게 하는 것처럼 글로벌 리더는 우리나라 문화의 장점과 다른 나라 문화의 장점을 창의적으로 결합시켜 이전에 없던 새로운 제품, 서비스, 지식 등을 만들어 냅니다. 이처럼 각 문화의 장점을 융합시켜서 하나에 하나를 더해 둘을 만드는 것이 아니라 셋, 넷을 만들어 내는 능력을 이문화 시너지cultural synergy라고 합니다.

어쩌면 이제 막 해외 생활을 시작했거나 해외 생활이 점점 힘겨워지는 단계에 있는 분들이 이 책을 읽고 있을지도 모르겠네요. 지금 여러분은 어떤 단계를 지나고 있나요? 알인가요, 애벌레인가요, 아니면 고치인가요? 아직 나비가 되지 못한 많은 분들이 어려움을 겪고 있을 거예요. 하지만 여러 번 강조했듯, 글로벌 리더로 거듭나기 위해서는 반드시 고통이 뒤따릅니다. 지금 힘든 시간을 보내고 있다면 그건 여러분 자신이 나약하거나 의지가 약해서가 아닙니다. 누구나 겪는 지극히 당연한 과정과 단계를 지나고 있는 거예요.

바꾸어 말해서 힘든 시간을 겪지 않는다면 절대로 글로벌 리더가 될 수 없습니다. 때때로 감당하기 힘들 만큼 큰 고통이 찾아오기도 할 거예요. 하지만 그건 여러분이 글로벌 리더가 되기 위한 길을 제대로 가고 있다는 훌륭한 증거랍니다. 그러니 두려워하지 말고 앞으로 나아가세요.

우리나라 사람은
다양성 경험이 부족하다

우리나라의 다문화 비중이 점점 커지고 있습니다. 길거리에서 외국인을 만나는 것이 흔한 일이 되었고, 한국말이 유창한 외국인도 점점 늘어나고 있습니다. 심지어 한국 사람보다 사투리가 더 심한 외국인도 있어요. 그리고 지방을 중심으로 다문화 가정이 점점 확산되고 있습니다. 그러면서 슬그머니 자취를 감춘 단어가 있습니다. 바로 '단일 민족'이라는 말입니다.

지금 십대인 분들의 부모님이나 삼촌, 이모 세대만 해도 우리 민족이 단일 민족이라는 사실을 강조하는 교육을 받았습니다. 학교에서는 우리가 단일 민족이라는 점에 자부심을 갖도록 가르쳤죠. 생물학적으로 다른 민족의 유전 인자가 전혀 섞이지 않은 순수 혈통의 단일 민족이 가능

| 우리는 민족의 동질성을 바탕으로 끈끈하게 뭉쳐 눈부신 성장과 발전을 이루었다.

한지 여부는 중요한 문제가 아니었어요. 대한민국 국민은 인종적으로 동일할 뿐만 아니라 같은 조상을 둔 한 겨레라는 점만 부각되었죠.

대한민국 정부가 이런 인식을 강조하고 학교에서 이렇게 가르친 데에는 이유가 있었습니다. 한국 전쟁 이후 피폐해진 우리나라를 재건하는 과정에서는 무엇보다도 국민의 화합이 중요했거든요. 때문에 국가 지도자들은 우리 국민이 단일 민족임을 내세워 똘똘 뭉치기를 원했죠. 실제로 단일 민족이라는 동질감은 우리나라가 세계적으로 유례를 찾아보기 힘들 만큼 빠른 속도로 발전하고 성장하는 중요한 원동력이 되었습니다.

그런데 오늘에 이르러 '단일 민족'이라는 말이 왜 힘을 잃었을까요?

그 이유는 시대가 변했기 때문입니다. 민족적 동질성만을 강조하다가는 다양성이 중시되는 글로벌 시대에 뒤처질 수 있다는 위기의식이 커진 겁니다.

1998년 여름이었습니다. 외국에서 태어난 제 딸 현아와 윤아가 처음 우리나라를 방문했습니다. 김포공항에서(당시에는 인천국제공항이 없었답니다) 입국 수속을 마치고 공항 밖으로 나왔을 때 당시 6학년이었던 현아가 터뜨린 첫 탄성이 이랬어요.

"세상에, 모두 한국 사람들이네Oh my God, they are all Koreans!"

북아메리카에서 여러 인종과 민족이 섞여 사는 모습에 익숙해 있던 현아로서는 온 천지에 한국 사람만 있는 풍경이 놀라울 수밖에 없었던 거죠.

사실 이 세계의 대다수 나라가 다민족 국가입니다. 국민이 인종적·민족적으로 동일한 나라는 극히 일부에 지나지 않습니다. 우리나라는 바로 이 '극히 일부'에 속하죠. 게다가 냉전 시대에 우리나라 사람이 그나마 자유롭게 왕래할 수 있었던 이웃 나라 일본 역시 인종적·민족적 동질성이 높기 때문에 우리는 여러 인종과 민족이 어우러져 사는 나라의 모습을 머릿속에 떠올리는 것이 쉽지 않았습니다. 정부도 민족적 동질성을 강조했기 때문에 더더욱 그랬죠.

다민족 국가에서는 당연히 다양성을 중요하게 여깁니다. 미국의 동전에는 라틴어로 'E Pluribus Unum'이라는 문구가 새겨져 있는데 '많은 것으로부터 하나Out of Many, One'라는 뜻의 건국이념입니다. 또 하나의 대표적인 다민족 국가인 인도네시아는 '다양성을 통한 협력Bhinneka Tunggal Ika'을 국시로 삼고 있습니다.

다양성을 어떻게 수용할 것인가 하는 태도도 여러 가지입니다. 미국의 경우에는 이민 온 사람들의 서로 다른 문화를 그대로 인정하기보다

는 그 다양성을 융합시켜서 하나의 통일된 미국 문화를 이루고자 합니다. 그래서 미국의 문화를 '용광로 문화melting pot culture'라고 부른답니다. 미국은 교육을 통해 이민자들이 영어를 익히게 하고 문화적 차

이가 서서히 희미해지게 만듦으로써 미국 문화에 동화되도록 하는 정책을 펴고 있습니다.

반면에 바로 인접해 있는 캐나다는 미국과 마찬가지로 이민자가 국민의 다수를 차지하는 다민족 국가이면서도 다양성에 대해서는 다른 태도를 취합니다. '용광로 문화'가 아니라 '모자이크 문화mosaic culture'를 추구하는 거예요. 각국의 이민자들과 원주민(캐나다에서는 원주민을 인디언이라고 표현하지 않고 '나라의 첫 번째 국민들[First Nations People]'이라고 부릅니다)들의 다양한 문화를 하나의 문화로 통일시키기보다는 각각의 고유한 문화를 존중하는 가운데 서로 조화를 이루도록 하는 것을 원칙으로 삼고 있습니다. 원주민들에게 자치권을 부여한다거나 공용어로 영어와 프랑스어를 쓰는 것에서도 다양성에 관한 캐나다 사람들의 태도를 발견할 수 있죠.

이 세계에는 수많은 문화가 존재합니다. 그 수를 정확하게 파악하기는 힘들지만, 언어가 다르면 문화가 달라진다는 점을 감안할 때 대략적으로 추측할 수는 있습니다. 지구상에 존재하는 언어가 6,000개를 넘으니 문화도 그에 상응한다고 볼 수 있으니까요.

지금 우리가 추구하고 누리는 사고방식과 가치관, 삶의 형태 등이 지극히 익숙하고 당연해서 그것이 전부인 것처럼 여겨지지만 사실 우리의 문화와 전통은 전 세계 수천 개의 문화 가운데 하나에 불과합니다. 할리우드 영화나 팝송 등을 통해서 세계를 지배하고 있는 것처럼 보이는 미국의 문화도 마찬가지입니다. 우리가 접하는 세상은 아주 제한적이에요. 다양한 세상의 모습 가운데 극히 일부만을 알고 있는 셈이죠.

앞서 이야기했듯 우리나라 국민은 같은 민족이라는 동질성을 바탕으로 끈끈하게 뭉쳤고 짧은 시간에 높은 수준의 경제 발전을 이루었습니다. 하지만 글로벌 세상에서는 국민 간의 협력 못지않게 세계와의 협력에 중점을 두어야 합니다. 하지만 우리 사회는 여전히 다양성보다는 동질성을 중시하는 경향이 강합니다. 우리의 일상에서 그 예를 찾아볼까요?

우리나라 사람은 '만장일치'를 좋아합니다. 우리 국민이 특별히 단결력이 좋아서 그런 걸까요? 꼭 그렇지만은 않습니다. 그것은 100퍼센트 의견 일치를 본 것이라기보다는 소수 의견이 배척당하는 분위기가 강하기 때문에 다수의 의견에 반대되는 의견을 낼 수 없는 무언의 압력을 받은 결과일 가능성이 높습니다.

삶의 형태는 어떤가요? 우리나라 인구의 90퍼센트는 도시에서 살고 있고, 또 대부분이 아파트에서 생활합니다. 아파트는 집의 구조나 내부 장식이 서로 비슷해요. 비슷하게 생긴 공간에서 살며 차이가 뚜렷하지 않은 라이프스타일을 누립니다. 젊은 세대는 비슷한 옷차림에 비슷한 꿈을 꾸고 비슷한 삶을 추구합니다. 부모 세대는 옆집 아이가 학원에 다니는데 내 아이가 학원에 다니지 않으면 불안해집니다. 여름철에 특정한 곳에 피서객이 몰리는 것도 마찬가지입니다. 어떤 영화가 흥행을 하

| 우리나라 사람들 대부분은 비슷한 형태의 공간에서 거주하고 있다. 저마다 개성을 추구한다고는 하지만, 비슷한 라이프스타일을 누리고 비슷한 꿈을 꾸면서 살아간다.

면 관객의 쏠림 현상이 일어납니다. 모두들 자신의 개성을 중시한다고 말하지만, 행동이나 삶의 모습은 그렇지 않습니다. 대다수가 몰리는 방향으로 따라가는 경향이 강합니다. 그렇지 않으면 주류에서 밀려나는 것 같은 불안을 느낍니다.

우리나라 대학교도 동질성을 추구하는 경향이 강합니다. 교수진을 살펴보면 본교 출신이 대부분이에요. 신임 교수를 선발할 때 타교 출신보다는 본교 출신을 선호하니까요. 이는 대학이 다양성과 창의력보다는 구성원의 애교심을 중시하기 때문이 아닐까요? 이와 대조적으로 미국이나 캐나다의 대학교는 신임 교수를 뽑을 때 '새로운 피'를 수혈해야 교수들 사이에 다양성이 확보되고 창의성도 높아진다고 보기 때문에 본교 출신보다는 타교 출신을 선호하는 것이 일반적입니다.

우리 사회의 여러 분야에서는 아직도 학연과 지연 등이 힘을 발휘합니다. 같은 학교 출신, 고향 선후배 등의 관계가 인사와 인재 영입의 중요한 잣대가 되고 있죠. 이는 우리 사회가 사람의 능력보다는 충성심과 동질감을 중시한다는 증거입니다. 우리는 왜 이토록 동질성을 중시할까요?

우리나라는 오랫동안 생김새와 피부색이 비슷한 사람들끼리 모여 살았고, 한민족이라는 단일 문화권에 속해 있었습니다. 근대 이후에는 국경이 폐쇄되어 있어서 이웃 나라와 국경을 맞대고 있는 대다수의 다른 나라들과는 달리 '외국'을 접할 기회가 많지 않았어요. 그만큼 우리는 인종적·민족적·문화적 다양성을 경험하기 힘든 환경에서 살아왔습니다. 우리 사회가 동질성을 추구하는 방향으로 발전해 온 것은 어쩔 수 없는 선택이었던 거예요.

우리는 동질성의 장점인 일체감과 효율성을 바탕으로 눈부신 발전을 이루었습니다. 일체감에서 비롯된 '만장일치 문화'와 효율성에 따른 '빨리빨리 문화'가 대한민국의 발전을 이룬 원동력으로 여겨지기도 했습니다.

하지만 이제 세상은 활짝 열려 있습니다. 우리 자신이 적극적으로 해

우리나라는 같은 인종, 같은 민족이라는 동질성을 바탕으로 '만장일치 문화'와 '빨리빨리 문화'를 만들어 냈다. 이제는 동질성과 효율성뿐만 아니라 다양성과 창의성을 추구하는 문화 환경을 만드는 일에도 도전해야 한다. ⓒ Johnathan21(위)

외에 진출하고 있을 뿐만 아니라 세계가 대한민국 속으로 들어오고 있습니다. 누가 지었는지는 모르지만 '세계 속의 한국, 한국 속의 세계'라는 표어는 글로벌 시대를 짧은 문구에 함축한 매우 적절한 표현입니다. 대한민국은 세계의 일원인 동시에 세계를 품고 있는 하나의 글로벌 세상이기도 합니다. 이 세계의 다양성을 결합하여 세상에 없던 전혀 새로운 것을 만들어 내야 하는 과제가 우리 앞에 놓여 있습니다.

세계인 · 평화인 · 자유인

. . .

세상을 변화시키는 글로벌 리더십

이번 스테이지에서 만나게 될 내용 ────────────────────────────────

- 동질성을 추구하는 팀과 다양성을 추구하는 팀 가운데 어느 쪽의 성과가 높을까요?
- 민족, 인종을 넘어 세대와 성, 타인의 가치관과 삶의 방식을 포용하는 글로벌 리더십에 대해서 생각해 봅시다.
- 저스틴 트뤼도 캐나다 총리는 왜 동성애 축제에 참가할까요?
- 성과 창출형 리더와 가치 실현형 리더에 대해서 알아봅시다.
- 글로벌 리더에게 주어진 참된 사명에 대해서 생각해 봅시다.

글로벌 리더는
다양성이라는 오케스트라의 지휘자

문명이 탄생하고 발전해 온 지난 역사를 돌이켜볼 때 이 세상은 각 지역의 문명과 문화가 서로 멀어지고 고립되는 것이 아니라 만나고 융합하는 방향으로 흘러왔음을 알 수 있습니다. 그리고 지금 우리가 살아가고 있는 현재에 이르러 서로 다른 문화적 전통을 지닌 개인과 집단이 조화를 이루어야 할 필요성이 더욱 커졌습니다. 글로벌 시대는 피하고 싶다고 해서 피할 수 있는 것이 아닙니다. 인류 역사의 필연적인 흐름에 의해 오늘에 이른 것입니다.

글로벌 시대는 동질성보다는 다양성을 중시합니다. 이는 오랜 시간 우리 민족이 추구해 온 전통과 가치관이 커다란 변화와 마주했다는 사실을 의미합니다. 여기에서 우리는 아주 중요한 질문을 던져야 합니다.

과연 우리 사회와 각 조직이 다양성을 높이는 방향으로 나아가는 것이 옳은가 하는 문제입니다.

이 물음에 정확한 답을 하기는 힘듭니다. 동질성과 다양성에는 나름의 장단점이 있기 때문입니다. 이상적인 생각이기는 합니다만, 동질성을 추구하든 다양성을 추구하든 각각의 단점을 극복하고 장점만을 살릴 수 있다면 어떤 식으로든 사회·조직의 성장과 발전에 도움이 될 거예요. 그렇다면 다음 질문을 해 봅시다. 두 번째 질문은 이것입니다.

'동질성을 추구하는 것과 다양성을 추구하는 것을 비교했을 때, 어느 쪽이 더 뛰어난 결과를 만들어 낼까?'

이 질문에 대해서는 1977년부터 1980년까지 진행된 아주 흥미로운 연구가 해답의 실마리를 제공해 주고 있습니다.

미국 UCLA^{University of California, Los Angeles}의 코바치^{Kovach} 교수는 경영학 석사 과정^{MBA} 2년차 학생 800명을 다문화 팀과 단문화 팀으로 나누었습니다. 그리고 그 팀들에게 같은 과제를 주었습니다. 그런 다음 다문화 팀과 단문화 팀이 각각 어떤 성과를 보이는지 살펴보았습니다. 과연 이 연구의 결과는 어땠을까요? 아래의 그림을 보세요.

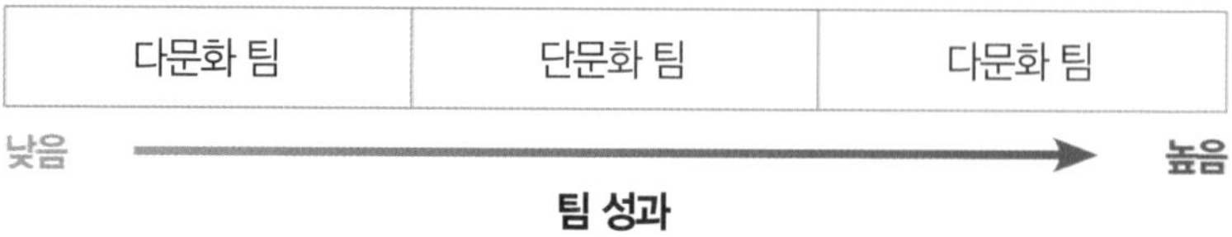

다문화 팀	단문화 팀	다문화 팀

낮음   ——————————————————➤   높음

팀 성과

다문화 팀은 단문화 팀과 비교했을 때 극단적인 결과를 보였습니다. 성과가 아주 뛰어나거나 형편없거나 둘 중 하나였죠. 상대적으로 단문화 팀은 아주 나쁘지도 않고 좋지도 않은 '중간은 가는' 성과를 보였습니다.

이러한 결과가 의미하는 것은 무엇일까요? 팀이 뛰어난 성과를 내기 위해서는 동질성보다는 다양성을 추구해야 한다는 사실입니다. 물론 다양성을 높인다고 해서 성과가 높아지는 것은 아닙니다. 문화적 전통과 가치관이 다른 팀원들 사이에 의사소통 문제가 생길 수 있고, 갈등과 불신이 높아질 수 있으며, 그로 인해 스트레스가 커질 수 있습니다. 위의 그림에서 보이는 것처럼 단문화 팀보다 성과가 낮은 다문화 팀은 이러한 다양성의 단점을 극복하지 못한 것입니다. 하지만 다양성의 단점을 극복한다면 다문화 팀은 다양한 아이디어와 정보를 바탕으로 뛰어난 창의력을 발휘하는 등의 시너지를 창출할 수 있습니다.

여기에서 글로벌 리더의 중요성이 부각됩니다. 다양성을 추구하는 팀을 성과가 낮은 팀으로 만드느냐, 성과가 높은 팀으로 만드느냐는 전적으로 리더의 역량에 달려 있으니까요. 각 문화의 장점들을 조화시켜서 팀원들이 능력을 제대로 발휘하도록 이끌고 세상에 없던 새로운 가치를 만들어 내는 것이 바로 글로벌 리더의 역할입니다.

1970년대 미국 버지니아주는 인종 차별 문제를 극복하기 위한 방안으로 흑인 학생들이 다니는 고등학교와 백인 학생들이 다니는 고등학교를 통합하여 새로운 학교를 만드는 정책을 시행했습니다. 두 학교로 갈라져 있던 미식축구 팀도 하나로 합쳐지게 되었죠. 학교 이사회에서는 흑인과 백인이 섞인 새로운 팀의 코치로 허먼 분이라는 흑인을 임명합니다.

흑인 학생들은 그동안 자신들이 받아 온 차별 대우를 보상 받고 싶어 했고, 백인 학생들은 흑인 코치가 흑인 학생들을 싸고 돌 것이라는 불안을 느끼죠. 당연히 흑인 학생들과 백인 학생들은 사이가 좋지 않았습니다. 뿌리 깊은 인종 문제로 인해 언제 폭발할지 모르는 시한폭탄 같은 긴장이 감돌았죠.

이 미식축구 팀은 성과가 낮은 다문화 팀이라고 할 수 있습니다. 다양성의 단점들이 팀의 결속을 가로막고 있죠. 이 팀을 성과가 높은 팀으로 만드는 것이 분 코치의 역할입니다. 분 코치는 어떤 리더십을 발휘했을까요?

분 코치는 흑인 학생과 백인 학생이 같은 방을 쓰도록 만들었습니다. 학생들은 내켜하지 않았지만 분 코치는 자신의 원칙을 굽히지 않았습니다. 처음에는 같은 방을 쓰는 학생들 사이에 싸움이 나기도 했지만, 시간이 지나면서 폭력 사태는 줄어들었습니다.

분 코치는 흑인이었지만 선수 기용에 있어서 공정함을 잃지 않았습니다. 흑인 학생들은 분 코치가 흑인이기 때문에 은근히 자신들 편을 들어줄 것으로 기대했습니다. 하지만 허먼 분은 흑인 학생들의 기대를 완전히 무너뜨렸습니다. 흑인 학생이 잘못을 했을 때는 더욱 엄하게 야단을 쳤습니다. 백인 학생들은 그 모습을 보면서 분 코치가 공명정대하다는 신뢰를 갖게 되었습니다.

시간이 지나면서 같은 방을 쓰는 흑인 학생과 백인 학생 사이에 싸움이 나지는 않았지만, 두 부류는 서로 대화를 나누지 않았습니다. 이를 안 분 코치는 자신과 다른 인종의 학생들에 대해 한 사람씩 알아보고 그 내용을 자신에게 보고하도록 지시했습니다. 지시에 따르지 않으면 훈련 강도를 높였습니다. 학생들은 하는 수 없이 흑백의 장벽을 넘어 대화를 나누고 그런 가운데 서로에 대해서 조금씩 이해해 나갑니다.

자, 여기까지 왔으니 이제 다양성의 시너지 효과가 발휘되어야겠죠. 이 학교의 미식축구 팀은 같은 인종으로만 구성된 팀들을 압도하며 연승 행진을 펼칩니다. 그리고 결국 주 대회에서 우승하고 전국 대회에서 준우승을 차지하는 성과를 이룹니다.

T. C. 윌리엄스 고등학교의 미식축구 팀 타이탄스Titans의 실

| T. C. 윌리엄스 고등학교의 미식축구 팀 타이탄의 선수

화입니다. 이들의 이야기는 2000년에 〈리멤버 타이탄Remember the Titans〉이라는 영화로 만들어지기도 했습니다. 이들의 이야기는 다양성을 추구하는 조직이 높은 성과를 낼 수 있다는 사실을 보여 주는 동시에 다양성의 조화를 이루어 내는 리더의 역할이 얼마나 중요한지 말해 주고 있습니다.

글로벌 리더는
세상을 품는 사람들

한국에서 캐나다로 이민 온 한인 가족을 알게 되었습니다. 이 한인 가족의 가장은 캐나다에서 구두 수선하는 일을 했습니다. 어느 정도 친분이 쌓여서 얘기를 나눌 기회가 있었어요. 참 박식하고 인품도 훌륭한 사람이라는 느낌을 받았습니다. 제가 물었습니다.

"한국에 계실 때도 구두 수선하는 일을 하셨습니까?"

그분께서는 알 듯 모를 듯한 미소만 지은 채 제 질문을 피했습니다. 무언가 사연이 있나 보다 싶어서 저도 더는 묻지 않았습니다.

그러다 나중에야 그 한인 가족의 가장에 대해서 조금 더 알게 되었습니다. 한국에 있을 때 한국은행의 부장으로 일했다고 하더군요. 한국은행은 대한민국의 중앙은행으로서 화폐 발행을 비롯하여 각종 통화 정책을 수립하고 집행하는 중요한 기관입니다. 그런 곳의 부장 직함을 갖고 있었다면 한국에서는 사회적 지위가 꽤 높았던 셈이죠. 그런 분이 캐나다까지 와서 구두 수선하는 일을 한다는 것이 무척 의아했습니다. 구두 수선하는 일이 은행의 부장보다 못하다는 뜻이 아닙니다. 한국에서 사회적으로 대접받는 화이트칼라로 지내다가 머나먼 타국의 블루칼라가 된 그의 변신이 놀라웠던 거예요.

안타까운 사연이 있었습니다. 그분에게는 장애인 아들이 있어요. 신체장애가 있지만 정상인 다른 아이들처럼 평범하게 키우고 싶어서 많은 노력을 기울였습니다. 하지만 현실의 벽은 높았습니다. 제대로 된 교육을 시킬 수 없었고, 자신의 아들을 대하는 주변 사람들의 시선과 행동도 부자연스러웠습니다. 아이가 자랄수록 상처 받는 일도 많아졌죠. 그는 자신의 아들이 차별을 덜 받는 곳에서 인간답게 살기를 원했습니다. 그래서 오랜 고민 끝에 많은 것을 내려놓고 캐나다로 온 것이었습니다. 그분의 마지막 말이 가슴을 아프게 했습니다.

"그나마 저는 직장이 좋았고 돈벌이도 괜찮았습니다. 저희 같은 집안의 자식이 그 정도 차별을 당하는데, 저희보다 못한 집안의 아이들은 어떻겠습니까? 지금은 어떤지 모르지만, 당시에는 한국 사회에 환멸을 느끼지 않을 수 없었습니다."

신체나 정신에 장애가 있는 사람을 대하는 것을 보면 그 사회의 수준을 알 수 있다고 합니다. 과연 한국 사회의 수준은 어디쯤 위치하고 있을까요?

여러 인종과 민족이 어우러져 사는 미국과 캐나다에서는 초등학교 때부터 학급의 인적 구성을 다양하게 합니다. 어릴 때부터 다양성에 대해서 긍정적인 태도를 갖도록 하기 위해서죠. 그런데 북아메리카 초등학교 학급의 다양성 추구는 인종과 민족에 한정되지 않습니다. 장애가 있는 학생들을 특수 학교가 아닌 일반 학교의 일반 학급에 다니도록 하는 거예요. 물론 이를 위해서 특별히 훈련을 받은 보조 교사가 배정됩니다.

우리나라 사람 대부분은 미국과 캐나다의 장애인 교육과 복지 시스템을 접하면서 이런 생각을 할 겁니다. '음, 미국과 캐나다는 장애인에 대한 배려가 우리나라보다 훨씬 뛰어나군.' 물론 그렇습니다. 이들 나라는 장애를 가졌더라도 보통 아이들과 다름없는 교육을 받도록 하고 일반인과 똑같은 일상생활을 하도록 배려하는 사회 분위기가 우리나라보다 강합니다.

그런데 장애를 가진 아이들이 일반 학급에서 공부하도록 하는 보다 중요한 목적이 있습니다. 그것은 바로 장애가 없는 일반 아이들이 어릴 때부터 장애인 친구들과 어울리도록 함으로써 그들에 대한 편견을 갖지 않도록 만들기 위해서입니다. 바꾸어 말하면, 장애를 가진 아이들이 일반 학교의 일반 학급에 다니도록 하는 것은 장애인을 위한 배려인 동시에 일반 아이들의 다양성 경험을 높이기 위한 조치인 거예요. 북아메리카의 초등학생들은 성별, 문화적 배경, 인종, 신체 조건 등이 사람마다 다르게 태어나고 다른 환경에서 자라는 것이 자연스러운 현실이며 지극히 당연한 일이라는 사실을 이른 시기부터 생활 속에서 체험하고 있는 것입니다.

저는 지금까지 이 책에서 다른 문화권에 속한 외국인과 함께하는 글로벌 리더십에 대해서 이야기해 왔습니다. 그리고 문화적 다양성을 추구하는 일의 중요성을 강조했죠. 그런데 문화적 다양성이란 다른 민족, 다른 인종, 문화적 배경이 다른 사람이 섞여 있는 것만을 의미하는 것은 아닙니다. 나와는 다른 가치관을 가진 사람, 다른 환경에서 자라 온 사람, 나와는 다른 방식으로 생활할 수밖에 없는 사람도 다양성의 범위에 포함해야 합니다. 남성이라면 여성의 입장에서 생각할 줄 알아야 하고, 신체 건강한 사람은 장애를 가진 사람의 일상이 어떨지 배려해야 하며, 성 소수자의 가치관과 취향에 대해서도 고민해야 합니다.

혹여 이런 말을 하는 분이 있을지도 모르겠네요. "살아가면서 그런 사람들까지 일일이 챙기고 신경 써야 합니까?" 제 말은 그런 분들을 챙기라는 것이 아닙니다. 다만 존중하고 배려하는 마음을 가져야 한다는 것입니다. 그러면 행동 역시 자연스러워집니다. 이런 질문을 해 볼까요? 나와 생각과 처지가 다른 사람들과 갈등을 겪으면서 사는 것이 편할까요, 아니면 그런 사람들과 조화를 이루면서 살아가는 것이 편할까요? 아무리 생각해도 후자가 훨씬 더 편하고 행복할 것 같은데, 제 생

| 인종과 민족, 문화적 배경뿐만 아니라 성별, 세대, 가치관, 신체 조건이 나와는 다른 사람들을 포용하고 이해하려는 노력을 할 때 세상은 더 아름다워질 것이다.

각이 틀렸나요?

특히나 현재 대한민국은 세대 갈등과 성 갈등이 갈수록 첨예해지고 있습니다. 가부장제 사회에서 억눌려 왔던 여성들의 사회적 욕구가 커지고 인권 의식이 성숙하면서 각 공동체와 조직에서 차지하는 여성의 역할 비중이 점점 높아지고 있습니다. 그러면서 그동안 우리 사회의 '주류'로 행세해 왔던 남성들과 많은 부분에서 충돌을 일으키기도 합니다. 사실 이러한 움직임은 매우 바람직한 것입니다. 여성들의 지위 향상과 성 평등은 우리 사회가 반드시 이루어야 할 숙제입니다. 하지만 이 과정에서 서로를 혐오하거나 여성이 남성을, 남성이 여성을 적으로 몰아가는 행태는 분명 경계해야 합니다.

뿐만 아니라 최근 우리나라는 보수와 진보의 이념 대립이 세대 갈등으로 이어지는 양상을 보이고 있습니다. 더군다나 노인 인구의 비율이 높아지면서 사회적 비용에 대한 청장년 세대의 불만과 불안이 커지고 있고, 어르신 세대는 대한민국의 오늘을 이룬 자신들이 사회적으로 홀대받고 있다는 피해의식과 설움에 시달리고 있습니다. 그러면서 세대 간의 소통이 단절되고 갈등이 점점 커지는 분위기가 고착되고 있어요.

우리 사회는 오랫동안 동질성을 추구하는 방향으로 흘러왔지만, 오늘날에는 민족적 동질성 안에서도 갖가지 세대와 세력권으로 분리되고 대립하는 모습을 보이고 있습니다. 이러한 사실은 우리에게 무엇을 말하고 있을까요? 다양성 추구는 우리가 필요에 따라 선택하거나 폐기해도 되는 사안이 아니라 반드시 수행해야 할 필연적인 흐름이라는 점입니다.

2016년 7월, 캐나다에서 동성애자들의 축제인 게이 프라이드 퍼레이드Gay Pride Parade가 열렸습니다. 축제에 참가한 성 소수자와 지지자들은 성 소수자를 상징하는 무지개 깃발을 들고 행진했습니다. 그런데 이 행사에 캐나다의 총리인 저스틴 트뤼도가 참가해 눈길을 끌었습니다. 사실 그는 이 축제에 참가한 것이 처음이 아니었습니다. 총리가 되기 전부터

| 2016년 밴쿠버에서 열린 동성애 축제에 참가한 캐나다 총리 저스틴 트뤼도와 그의 가족. 맨 앞에서 유모차를 끌고 가는 이가 트뤼도 총리다. ⓒ Sergei Bachlakov

수년 동안 축제에 참가해서 성 소수자들을 지지한다는 사실을 밝혀 왔습니다. 그런데 캐나다를 대표하는 총리가 된 뒤에도 그는 자신의 행동을 바꾸지 않았습니다.

저스틴 트뤼도 총리는 성 소수자가 아닙니다. 그가 동성애나 양성애를 부추기기 위해 매년 성 소수자의 축제에 참가하는 것도 아니에요. 다만 캐나다 사회의 소수자와 '비주류'를 옹호하고 지지한다는 자신의 소신을 밝히고 보다 많은 사람들이 소수자의 인권 신장에 동참해 줄 것을 호소하기 위해 축제에 참가하는 것입니다. 그는 캐나다라는 다양성 사회의 리더이기에 그렇게 행동하는 것입니다.

혹시 기억하시나요? 앞서 저는 여러분이 글로벌 인재가 되고 글로벌 리더로 거듭나는 과정에서 두세 단계 성숙해질 거라고 이야기했습니다. 실제로 그렇습니다. 글로벌 환경에서 성과를 창출하고 가치를 실현하는 리더들은 모두 대인관계와 업무 능력뿐만 아니라 인성과 인격이 훌륭한 사람들입니다. 처음부터 글로벌 리더로서의 자질을 갖추고 있었든, 글로벌 리더로 발전하는 과정에서 그러한 자질을 키웠든 모두가 인간적으로 성숙한 사람들이에요. 그렇지 않고서는 저마다 문화적 배경과 성격, 가치관이 다른 사람들을 조화롭게 이끌 수 없을 테니까요.

글로벌 인재와 글로벌 리더는 문화적 배경culture, 젠더gender, 세대generation, 장애handicap, 성적 소수자동성애자, 양성애자, 무성애자, 성전환자에 대해서 편견이라는 마음의 감옥으로부터 자유로울 수 있어야 합니다. 이렇게 진정한 의미의 자유인이 되어야 비로소 다양한 관점과 시각, 생각을 아우를 수 있고 그로부터 창의적인 아이디어와 가치를 만들어 낼 수 있습니다.

저는 이 책의 Opening Stage 끄트머리에 다음과 같이 적었습니다.

그리고 여러분은 곧 알게 될 거예요. 글로벌 세상을 받아들인다는 것은 이 세상을 보다 아름답게 만드는 일이라는 사실을요.

그렇습니다. 나와는 다른 이들을 존중하고 배려하며 그들과 어울리는 가운데 새로운 것을 만들어 내고자 하는 글로벌 리더십은 갈등을 조화로, 대립을 화해로 만드는 삶의 기술이기도 합니다. 이런 능력과 태도를 겸비한 글로벌 리더들이야말로 진정한 의미의 평화인입니다. 이 세상에 이와 같은 글로벌 리더가 더 많아진다면, 모든 사람이 글로벌 리더가 될 수는 없다 하더라도 누구나 글로벌 리더십을 가슴에 새기고 살아간다면, 우리가 살아가는 이 세계가 더 아름다워지지 않을까요? 이러한 바람을 가진 제가 이상주의자로 보일 수도 있겠지만 저는 여러분과 함께 더 아름다운 세상을 향한 꿈을 꾸고 싶습니다. 그리고 우리가 꿈꾸는 세상이 이 책을 읽고 있는 여러분을 통해 조금이나마 현실로 다가오기를 희망합니다.

성과 창출형 리더와
가치 실현형 리더

이 세상에는 수많은 글로벌 리더가 있습니다. 그들은 세계 곳곳에서, 일상의 작은 부분에서 자신의 역량을 발휘하며 이 세상이 보다 조화로운 곳이 되도록 힘쓰고 있습니다. 여기서 저는 한 사람의 글로벌 리더를 소개할까 합니다. 남수단 톤즈에서 의료와 선교 활동을 펼치며 주민들의 삶에 큰 영향을 미친 고 이태석 신부입니다.

이태석요한 신부는 1962년, 부산에서 열 남매 중 아홉째로 태어났습니다. 경제적으로 넉넉하지 않은 형편에 아버지마저 그가 아홉 살 때 세상을 떠납니다. 홀로 된 어머니가 삯바느질을 하며 열 남매를 키웠습니다. 그는 한센병 환자들을 돌보다가 그 자신이 한센병에 걸려 세상을 떠난 다미안 신부의 일생을 다룬 영화를 보고서 큰 감명을 받고 남을 돕는 삶에 대해서 깊이 생각하게 됩니다.

음악을 좋아했지만, 음악 공부를 할 수는 없었습니다. 다행히 틈틈이 성당에 있는 오르간을 치면서 독학으로 음악을 깨우쳤습니다. 공부도 게을리 하지 않았습니다. 1981년 의대에 입학하고 졸업 후 군의관으로 복무하는 동안 가톨릭 신부가 되기로 마음먹고 다시 신학과 철학을 공부했습니다.

1999년 여름, 단기 선교를 목적으로 아프리카 케냐를 찾았습니다. 그러나 중간에 만난 어떤 이의 권유로 형편이 더욱 어려운 남수단의 톤즈로 방향을 틀었습니다. 그는 그곳에서 열악한 삶의 환경을 목격하고는 큰 충격을 받았습니다. 25년 동안 이어진 내전으로 인해 수많은 사람이 죽고 나라는 둘로 쪼개져 있었습니다. 살아남은 사람들은 지옥에서나 다름없는 삶을 근근이 이어 가고 있었습니다. 굶주림으로 뼈만 앙상히 남은 사람들, 팔다리가 다 떨어져 나간 장애인들, 병에 걸렸지만 치료를 받지 못하는 환자들······. 오랜 포화에 건물들은 흉물이 되어 버렸고, 전기도, 전화도, 텔레비전도, 수돗물도 없었습니다. 오랜 전쟁으로 사람들의 마음마저 황폐해져 있었습니다. 대여섯 살밖에 안 된 아이들도 누가 자신을 건드리면 목숨을 내놓고 싸우려 들었습니다. 아이들 싸움이 가족 싸움이 되고, 부족 싸움으로 번집니다. 상대 부족이 우리 부족 한 사람을 죽이면 우리는 상대 부족 둘을 죽입니다. 이렇게 복수가 복수를 낳으면서 전쟁이 끝난 뒤에도 부족 간의 갈등이 끊이지 않았

| 수단 국민들은 오랜 내전과 가난으로 인해 고통 받고 있다. 사진은 남수단의 수도인 주바의 한 마을에서 찍은 것이다. ⓒ Vlad Karavaev

습니다. 아무리 눈을 씻고 찾아보아도 희망이라고는 찾을 수 없었습니다. 이태석 신부는 이 버려진 땅에 자신의 몸을 바쳐 희망의 씨앗이 되겠노라고 다짐합니다.

열흘간의 짧은 방문을 마치고 한국에 돌아왔습니다. 공부를 마친 2001년 이태석 신부는 다시 톤즈를 찾았습니다. 이번에는 단기간의 방문이 아니라 그들과 함께 살기 위해서였습니다. 섭씨 45도를 넘나드는 더위 속에서 그는 아픈 사람들을 치료하고 가난으로 고통 받는 사람들을 도왔습니다. 전기가 없어서 에어컨은 고사하고 선풍기나 냉장고도 쓸 수 없었습니다.

하루는 한 엄마가 예닐곱 살의 딸을 데려와 한센병이냐고 물었습니다. 검사해 보니 아니었습니다. 그러자 아이 엄마가 실망한 기색을 보였습니다. 아이가 한센병 환자면 강냉이와 식용유를 배급받을 수 있기 때문이었습니다. 이처럼 고통과 가난은 사람의 몸과 마음 모두를 피폐하게 만들었습니다.

병원으로 쓸 임시 공간을 마련하고 환자들을 돌보기 시작했습니다. 불결한 환경과 오염된 식수 때문에 전염병이 흔했습니다. 한국에서는 벌써 사라진 콜레라도 창궐했습니다. 매일 하나둘 사람들이 죽어 나갔습니다. 이태석 신부는 열악한 환경에 굴하지 않고 정성을 다해 환자들을 돌보았습니다. 한밤중에 찾아와도 마다하지 않았습니다. 그를 찾아가면 살 수 있다는 소문이 퍼지면서 2~3일이나 걸리는 먼 곳에서 찾아오는 환자들도 있었습니다.

일주일에 한 번 멀리 떨어진 마을을 찾아다니며 이동 진료도 시작했습니다. 한센병 환자들이 모여 사는 마을도 꺼리지 않았습니다. 발가락이 떨어져 나간 한센병 환자들이 맨발로 다니는 것을 보고는 그들의 발 모양에 맞춘 신발을 만들어 주었습니다. 사회에서 철저하게 따돌림 당한 그들의 하소연에도 귀 기울였습니다. 의사이기 이전에 친구가 되어주었습니다. 지극히 작은 것에도 감사하고 기쁨을 느끼는 그들의 모습에서 오히려 배우는 것이 더 많았습니다.

환자가 늘어나서 이들을 제대로 돌볼 병원을 짓기로 했습니다. 못 하나도 구할 수 없어 이웃 나라에 가서 사와야 했습니다. 직접 병원을 설계했고, 케냐에 가서 시멘트를 사왔으며, 벽돌은 직접 만들었습니다. 이태석 신부는 톤즈 주민들과 함께 힘을 합쳐 12개의 병실을 갖춘 병원을 지었습니다. 하루에 200~300명의 환자를 돌보았습니다. 인근 80여 개의 마을을 돌아다니며 순회 진료와 예방 접종도 했습니다.

병원이 안정된 뒤에는 학교를 지었습니다. 그는 신부였지만 성당보다는 학교가 우선이었습니다. 폐허가 된 학교 건물에 벽을 세우고 지붕을 얹어 교실을 만들었습니다. 70여 명의 아이들을 데리고 초등학교 과정을 시작했습니다. 아이들은 나무 그늘 아래에서 공부하고 달빛에 기대어 책을 읽었습니다. 상황은 열악했지만 아이들의 학구열은 불보다 뜨거웠습니다. 다른 지역 아이들은 외국인을 보면 돈이나 먹을 것을 구걸했지만, 톤즈의 아이들은 "기브 미 어 펜Give me a pen."이라고 소리쳤습니다. 내친 김에 고등학교 과정도 시작했습니다. 나이로비에서 교과서를 구해 오고 선생님도 두 사람을 데려왔습니다. 배움에 목말라 있던 아이들은 칠흑 같은 밤에도 손전등을 켠 채 책을 읽었습니다.

전쟁과 가난으로 황폐해진 아이들의 마음에 치유와 기쁨을 심어 주기 위해 음악도 가르쳤습니다. 피리, 기타, 오르간으로 시작해서 4년 뒤에는 트럼펫, 클라리넷, 트롬본, 튜바 등으로 구성된 35인조 브라스밴드를 결성했습니다. 한국 지인의 도움으로 단복도 마련했습니다. 톤즈

브라스밴드의 명성이 널리 알려졌습니다. 국가적 행사인 철제 다리 축성식에서 연주를 하기도 했습니다.

2008년 휴가차 한국에 잠시 입국했던 이태석 신부는 건강 검진 결과 대장암 4기 진단을 받습니다. 그는 자신의 건강보다는 톤즈에 두고 온 것들을 걱정했습니다. "우물을 파다 말았는데…… 약 정리를 아직 못했는데……." 이태석 신부는 2010년 1월 세상을 떠났습니다.

이태석 신부가 세상을 떠났다는 소식을 접한 톤즈의 주민들은 너나 할 것 없이 슬픔에 잠겨 눈물을 흘렸습니다. 톤즈의 사람들은 울 줄 모릅니다. 눈물을 흘리는 것을 가장 큰 치욕으로 여기기 때문입니다. 하지만 그날 톤즈의 브라스밴드는 눈물을 흘리며 연주를 하면서 스승과 작별 인사를 했습니다. 주민들이 브라스밴드의 뒤를 따랐습니다. 그들은 스승이 가르쳐 준 노래를 한국말로 서투르게 불렀습니다. "사랑해, 당신을. 정말로 사랑해……."

얼마 전 이태석 신부와 관련하여 반가운 소식을 접했습니다. 이태석 신부의 추천으로 2009년 한국에 와서 공부를 한 톤즈의 청년이 2018년 1월에 이태석 신부의 모교인 인제대학교 의예과를 졸업한 것입니다. 이태석 신부에게서 세례를 받고 복사를 서기도 하면서 8년 동안 같이했던 토마스 아반 타곳이 그 주인공입니다. 아직 갈 길이 멉니다. 인턴과 레지던트 과정을 지나야 진짜 의사가 됩니다. 하지만 잘해 낼 거라고 믿습니다. 이태석 신부가 못다 이룬 꿈을 그가 이어 나갈 겁니다.

여러분은 어떻게 생각하시나요? 고 이태석 신부를 글로벌 리더로 인정하나요?

두 가지 종류의 리더가 있습니다. '성과 창출형 리더'와 '가치 실현형 리더'입니다. 성과 창출형 리더는 말 그대로 눈에 보이는 성장이나 실질적인 부를 만들어 냅니다. 기업에서 해외로 파견하는 직원들은 성과 창출이라는 임무를 띠고 글로벌 환경에 들어섭니다. 반면에 가시적인 성과를 만들어 내지는 않지만 남을 돕고 새로운 가치를 심어 줌으로써 사람들을 변화시키는 리더가 있습니다. 이들이 바로 가치 실현형 리더입니다. 지금 소개한 이태석 신부가 대표적입니다. 그는 톤즈라는 불모의 땅에 가서 사람들에게 행복할 권리가 있음을 전해 주고, 자신의 삶을 바꿀 방법을 알려 주었으며, 희망을 품도록 만들었습니다. 그는 세상을 일찍 떠났지만 그가 남긴 희망의 씨앗은 지금도 무럭무럭 자라나고 있습니다.

'휴, 이태석 신부님이 훌륭하다는 건 알지만 저는 그렇게 못 살 것 같아요.'

물론입니다. 이 세상 모든 사람이 이태석 신부와 같은 사명을 지는 것은 아닙니다. 어쩌면 그러한 일은 '선택'된 사람만이 할 수 있는 것인지도 모릅니다. 대부분의 사람은 가시적인 성과를 창출하는 현장에서 일하고 있습니다. 그리고 이러한 경력이 글로벌 환경으로 이어지겠죠.

그런데 제 생각은 이렇습니다. 글로벌 환경에서 성과를 창출한다는

| 글로벌 리더는 문화의 장벽을 허물고 다양성을 추구하며 차이를 인정한다는 점에서 성과와 가치를 동시에 실현하는 사람이라 할 수 있다.

것은 가치를 실현하는 일이기도 하다는 점입니다. 왜 그럴까요? 서로 다른 문화적 배경을 가진 사람들이, 또 가치관과 신념이 다르고 살아온 환경이 다르며 살아가는 방식도 다른 사람들이 한데 어우러져 성과를 만들기 위해서는 숱한 갈등을 이겨 내고 다양성의 조화를 이루어야 합니다. 이러한 상황 자체가 이미 어떤 가치를 실현한 것 아닌가요? 앞서 다루었던 T. C. 윌리엄스 고등학교의 미식축구 팀 타이탄스를 떠올려 보세요. 함께 힘을 합쳐 주 대회에서 우승하고 전국 대회에서 준우승을 했던 그 흑인 학생들과 백인 학생들이 얻은 것이 '성적'이라는 결

과뿐일까요? 그들은 갈등을 이겨 내고 조화를 이루며 힘을 합치는 가운데 '인종 차별'과 '인종 갈등'이라는 단단한 벽을 넘어섰습니다. 이제 그들은 이 사회의 어느 조직에 속하더라도 다양성의 시각으로 문제를 해결할 겁니다.

글로벌 리더십이 의미 있는 이유가 여기에 있습니다. 우리들 대부분은 성과 창출형 리더가 될 테지만, 제대로 된 글로벌 리더십은 성과를 창출하는 동시에 가치를 실현합니다. 다양한 의견에 귀 기울이고 소수자와 비주류의 입장이 되어 보고 사회적 약자의 눈으로 세상을 바라볼 줄 아는 리더가 어떻게 가치를 만들어 내지 않을 수 있겠어요? 그래서 저는 이렇게 단언합니다. 진정한 글로벌 리더는 성과 창출형 리더이자 동시에 가치 실현형 리더라고요.

연어처럼

제 서재 벽에는 연어를 형상화한 조각이 걸려 있습니다. 진흙으로 빚어 색칠을 한 것인데, 오래전에 딸 현아가 미술 시간에 만들어 크리스마스 선물로 제게 준 것입니다.

연어는 떠납니다. 얕은 개울에서 태어나 어린 시절을 보내지만 거기에 계속 머물지 않습니다. 때가 되면 과감하게 살던 곳을 떠나 전혀 다른 세상인 거대한 바다로 나갑니다. 그곳에서 어른이 됩니다. 여러 해가 지나 완전히 성숙해지면 다시 바다를 떠납니다. 강을 거슬러 올라 자기가 태어났던 얕은 개울로 돌아옵니다. 자신의 고향에서 다음 세대를 준비해 놓고 죽어 갑니다. 겨울이 지나 이듬해 봄이 오면 그 얕은 개울에는 바다로 떠날 연어의 알들이 깨어납니다.

    저희 집 가까운 곳에 연어가 알을 낳으러 오는 골드스트림^{Goldstream}이
라는 작은 개울이 있습니다. 이 개울에 매년 10월말이면 수천수만 마리
의 팔뚝만한 연어들이 올라와서 알을 낳고 죽어 갑니다. 보기 드문 자연
의 장관이 펼쳐집니다. 개울 주변 나무에는 죽은 연어들을 먹고자 기다
리는 갈매기들과 흰머리독수리들이 앉아 있습니다.

    연어는 참 독특합니다. 다른 물고기와 연어의 다른 점이 여러 가지
있겠지만, 그중에서도 특히 다른 점은 민물에서도 살 수 있고 바닷물
에서도 살 수 있다는 것입니다. 대부분의 물고기는 양쪽에서 살 수 없
습니다.

민물고기에게 바닷물은 죽음의 공간입니다. 마찬가지로 바닷물고기에게 민물은 죽음입니다. 그러나 연어는 예외입니다. 양쪽이 다 생명이고 삶의 터전입니다. 한쪽에서의 삶이 다른 곳에서 살아가는 바탕이 됩니다. 다른 물고기들은 감히 흉내 낼 수 없는 경이로운 적응력이자 놀라운 생명력입니다.

글로벌 리더는 연어를 닮았습니다. 자신이 나고 자란 고향이 편하고 좋지만 그곳에 머물지 않습니다. 때가 되면 정든 고향을 뒤로하고 과감하게 보다 큰 세상으로 나아갑니다. 바깥의 거대한 세상으로 뛰어듭니다. 그리고 그곳에서 새로운 언어를 익히고 다양한 삶의 모습을 배우며 성숙해 갑니다. 커다란 세상에서 자신의 뜻을 펼치기도 합니다. 그리고 시간이 지나 때가 되면 다시 한 번 떠납니다. 세상에서 얻은 것들을 연어가 알을 품듯 마음과 머릿속에 가득 품고서 고국으로 돌아가 다음 세대를 위하여 풀어 놓습니다.

미국의 대학교에서 부족한 영어 실력으로 외국인 학생들을 대상으로 강의를 하던 한국인 유학생을 기억하세요? 학생들의 질문을 제대로 이해하지 못해서 질문에 대해 다시 질문을 하고는 했던 그 사람 말입니다. 그래도 의사소통 항목에서 좋은 평가를 받았죠? 지금에 와서야 밝힙니다만, 그 유학생이 바로 저, 남상훈이었습니다. 겁도 없이 유학을 떠나 좌충우돌하며 하루하루를 악으로, 깡으로 버텼던 젊은 시절의 제 모습이었습니다. 참 힘들고 외로운 시간이었지만, 그것은 제가 선택한 저의

길이었습니다. 그리고 저의 선택에 대해 후회하지 않았습니다. 그 길 너머에 무엇이 기다리고 있는지는 알지 못했지만, 이 여정을 마치고 나면 제가 이전보다는 나은 사람이 되어 있을 거라는 믿음이 있었으니까요.

저는 지금 캐나다에 살고 있지만, 한국의 언론에 글로벌 리더십과 관련한 칼럼을 기고하고 있고, 틈나는 대로 한국에 가서 여러 기업의 직원들과 학생들을 만나 글로벌 인재가 되는 길을 알려 주고 있습니다. 처음부터 계획했던 일은 아니지만, 저 역시 연어가 그러하듯 태어난 고향으로 돌아가 알을 낳고 있는 셈입니다.

그리고 이 책 역시 연어의 알입니다. 보다 많은 우리의 젊은이들이 글로벌 세상에 기여하기를 바라는 마음에서 이 책을 썼으니까요. 글로벌 리더십은 기술력이나 외국어 능력, 업무와 관리 능력을 갖춘다고 해서 얻을 수 있는 것이 아니라는 사실을 알려 주고 싶었습니다. 글로벌 리더가 되는 여정은 바깥의 다른 경치를 보러 나갔다가 나 자신을 새롭게 발견하는 눈을 갖게 되는 과정입니다.

그리고 잊지 마세요. 글로벌 리더가 된다는 것은 이 세상을 보다 아름답게 만드는 아름다운 사람이 되는 것임을.

글로벌 리더십 콘서트

초판 1쇄 찍은 날 | 2018년 9월 6일
초판 1쇄 펴낸 날 | 2018년 9월 17일

지은이 | 남상훈
발행인 | 이원석
발행처 | 북캠퍼스
등록 | 2010년 1월 18일(제313-2010-14호)
주소 | 서울시 마포구 양화로 58 명지한강빌드웰 1208호
전화 | 070-8881-0037
팩스 | 02-322-0204
전자우편 | bcampus@naver.com

편집 | 이양훈
디자인 | 이인선

ISBN 979-11-88571-04-8 (03320)

이 도서의 국립중앙도서관 출판예정도서목록(CIP)은 서지정보유
통지원시스템 홈페이지(http://seoji.nl.go.kr)와 국가자료공동목
록시스템(http://www.nl.go.kr/kolisnet)에서 이용하실 수 있습
니다.(CIP 제어번호: 2018026509)